VOLUME IV

HÉRCULES

O Mais Atual do Teatro Clássico

Volume I

Christopher Marlowe

A TRÁGICA HISTÓRIA DO DOUTOR FAUSTO

DIDO,
A RAINHA DE CARTAGO

Volume II

Ésquilo

PROMETEU

Eurípides

ALCESTE

Volume III

William Shakespeare

RICARDO III

Volume IV

Plauto
Eurípides
Sófocles

HÉRCULES

PLAUTO
EURÍPIDES
SÓFOCLES

VOLUME IV

HÉRCULES

PROJETO, ORGANIZAÇÃO, ADAPTAÇÃO,
NOTAS E SUPLEMENTOS
LUIZ ANTONIO AGUIAR

ILUSTRAÇÕES
LUCIANO FEIJÃO

1ª EDIÇÃO
RIO DE JANEIRO
2015

DIFEL

Copyright das adaptações © Luiz Antonio Aguiar, 2011

Capa e projeto gráfico: Silvana Mattievich
Ilustração de capa e miolo: Luciano Feijão

Coordenação editorial e suplementos: Veio Libri

Editoração: FA Studio

Texto revisado segundo o novo
Acordo Ortográfico da Língua Portuguesa

2015
Impresso no Brasil
Printed in Brazil

Cip-Brasil. Catalogação na fonte
Sindicato Nacional dos Editores de Livros — RJ.

A23h	Aguiar, Luiz Antonio, 1955-
	Hércules / Plauto, Eurípides, Sófocles; adaptação Luiz Antonio Aguiar; ilustrações Luciano Feijão. — 1. ed. — Rio de Janeiro: DIFEL, 2015.
	272 p.: il.; 23 cm. (O mais atual do teatro clássico; v. 4)
	Adaptação de: Anfitrião/Plauto
	Adaptação de: Herakles/Eurípides
	Adaptação de: Trachianas/Sófocles
	ISBN 978-85-7432-138-7
	1. Literatura infantojuvenil. I. Feijão, Luciano. II. Título. III. Série.
14-16516	CDD: 028.5
	CDU: 087.5

Todos os direitos reservados pela:
DIFEL — selo editorial da
EDITORA BERTRAND BRASIL LTDA.
Rua Argentina, 171 — 2º andar — São Cristóvão
20921-380 — Rio de Janeiro — RJ
Tel.: (0XX21) 2585-2070 — Fax: (0XX21) 2585-2087

Não é permitida a reprodução total ou parcial desta obra, por
quaisquer meios, sem a prévia autorização por escrito da Editora.

Atendimento e venda direta ao leitor:
mdireto@record.com.br ou (0XX21) 2585-2002

HINO A HERAKLES DO CORAÇÃO DE LEÃO

A Herakles, filho de Zeus, eu cantarei, ele que foi o melhor dos homens sobre a Terra, nascido em Tebas das belas danças, e de Alcmena em união ao tempestuoso filho de Cronos. Aquele que percorreu as vastidões dos continentes e dos mares a serviço do rei Euristeu, causando para si mesmo enorme sofrimento e enfrentando grandes perigos. No entanto, agora, desfruta da prazerosa morada nevada do Olimpo, tendo como esposa Hebe dos lindos tornozelos.

Homero[1]

---

1 Há estudiosos que afirmam que os chamados *Hinos Homéricos*, como o de Herakles, não são de autoria de Homero. Homero, que, segundo suposições, viveu no século IX a.C., é o autor dos dois pilares da literatura ocidental, os poemas *Ilíada* (sobre a Guerra de Troia) e *Odisseia* (sobre a volta de Odisseu — Ulisses — para seu lar).

SUMÁRIO

APRESENTAÇÃO	9
ANFITRIÃO	
INTRODUÇÃO: HÉRCULES, O SEMIDEUS	
QUE NASCEU PERSEGUIDO	15
PERSONAGENS/TEMPO/LOCALIZAÇÃO	19
PRÓLOGO	21
ANFITRIÃO	27
POSFÁCIO	113
HERAKLES	
INTRODUÇÃO: OS DOZE TRABALHOS	117
PERSONAGENS/TEMPO/LOCALIZAÇÃO	121
HERAKLES	123
POSFÁCIO	189
TRACHIANAS	
INTRODUÇÃO: O HERÓI DOMINADO	193
PERSONAGENS/TEMPO/LOCALIZAÇÃO	197
PRÓLOGO	201
TRACHIANAS	207
POSFÁCIO	257
DEUSES DAS MITOLOGIAS GREGA E ROMANA	261
PARA DISCUSSÃO E APROFUNDAMENTO	267

APRESENTAÇÃO

A coleção O Mais Atual do Teatro Clássico traz algumas das melhores peças já escritas, que se tornaram modelos universais das artes dramáticas, influenciando decisivamente, também, nossa cultura e visão de mundo. São sempre textos integrais, mas numa adaptação que os torna mais acessíveis aos leitores de hoje. Cada peça é ainda complementada por comentários e notas que proporcionam uma visão ampla do contexto — e, no caso do Volume IV, do universo da mitologia grega — em que foi criada. O tema deste volume é HEROÍSMO, e portanto o seu protagonista não poderia ser outro senão o maior de todos os heróis da Antiguidade, Herakles, mais conhecido na cultura romana e entre nós como Hércules.

Desde o seu nascimento, Herakles foi apresentado como uma figura extraordinária, mesmo entre os heróis gregos. Para começar, era filho de Zeus, o senhor de todos os deuses, e descendente, pelo lado da mãe, do grande herói Perseu, outro filho de Zeus e o assassino da Medusa, a terrível górgona de cabelos de serpente que transformava em pedra quem a fitasse nos olhos. Filho de uma das costumeiras infidelidades de Zeus, desta vez com Alcmena, já ao nascer atraiu para si o ódio de Hera, a esposa do senhor do Olimpo. Deusa do matrimônio e da fidelidade conjugal, venerada pelas mulheres em todas as regiões da Grécia, Hera vai perseguir implacavelmente Herakles. Em consequência, irá com efeito tornar-se o tormento e origem principal tanto das tragédias que pontuaram a vida do herói-semideus quanto das principais proezas que construíram sua fama — Os Doze Trabalhos de Hércules.

Uma curiosidade é que Herakles recebeu de seus pais mortais — Alcmena e Anfitrião, que assumiu a paternidade do filho de Zeus — o nome de Alcides. A troca de nome foi uma tentativa de agradar a esposa de Zeus: *Herakles* quer dizer *alegria de Hera*. A homenagem não surtiu efeito, e Hera somente o aceita, forçada por Zeus, já quando ele é levado ao Olimpo para se tornar um deus, integralmente, e não mais um semideus. Quanto a Anfitrião, Herakles sempre o amou e o respeitou como seu pai real. Também descendente direto de Perseu e de Pélope, organizador mitológico dos Jogos de Olímpia — as Olimpíadas —, Anfitrião, grande general de Tebas,[2] a cidade natal de Herakles, o amou e dedicou-se a ele por toda a sua vida.

Assim, centradas num de seus mitos mais representativos, as três peças deste volume levam o leitor a uma jornada repleta de atrativos pelos domínios da mitologia grega. A primeira é a comédia *Anfitrião*, de Plauto, que narra a concepção e o nascimento de Herakles. Plauto (Tito Macius Plauto, *c*. 254-184 a.C.) é um dramaturgo que brilhou em Roma justamente por suas comédias, e pouco se conhece sobre sua vida. De suas peças, as que chegaram até nós intactas, ou quase, são os mais antigos textos teatrais romanos conhecidos. É autor, entre outras, de *Os Cativos* e *Casina*.

A segunda peça é *Herakles*, de Eurípides (*c*. 480-406 a.C.), e a terceira, *Trachianas*, de Sófocles (*c*. 497-405 a.C.). *Herakles*, uma das peças mais fortes e comoventes do teatro grego, gira em torno do episódio que, para a maioria dos mitólogos, desencadeia *Os Doze Trabalhos* — embora Eurípides tenha situado a ação da peça entre a descida ao Hades, o reino dos mortos na cultura grega (11º Trabalho), e a expedição ao Jardim das Hespérides (12º e último Trabalho), onde Herakles, para tomar posse dos pomos de ouro, teve de enfrentar um terrível dragão de cem cabeças que guardava a árvore sagrada. Já *Trachianas* trata do doloroso desfecho da vida do herói. Ambas são tragédias, e seus autores fazem parte da geração que estabeleceu as bases da dramaturgia clássica — a Idade de Ouro de Atenas, quando, nos festivais anuais de teatro, apresentavam suas peças.

O conjunto das três peças compõe, ainda, uma peculiar e original *biografia* de Herakles.[3] A jornada pela mitologia grega é completada por notas informativas, introduções e posfácio a cada peça. No final, há um suplemento com sugestões de temas para aprofundamento e discussão de

---

2 Cidade da Grécia antiga que fica na região chamada Beócia.

3 Ver *Alceste*, também de Eurípides, publicada no Volume II desta coleção, com outro episódio importantíssimo, peculiar e dramático, protagonizado por Herakles.

aspectos das obras — considerando, inclusive, a enorme presença desses mitos na nossa cultura, arte e visão de mundo.

Ao mesmo tempo que é o mais famoso, o mais poderoso, o mais espetacular herói da mitologia grega, Herakles é também o mais humano. Ele paga um alto preço por ter sido gerado e existir na confluência de conflitos entre os deuses e os mortais comuns. Nenhum herói, aliás, sofreu tão terríveis perdas e desgraças. Suas fragilidades, a vulnerabilidade às suas próprias emoções, o descontrole sobre suas reações e a perseguição impiedosa de Hera tornam suas aventuras as mais emocionantes da mitologia grega. É por isso também que, em diversas culturas, foi o herói mais admirado e mais popular, chegando mesmo a emblematizar a concepção de *heroísmo* e de *herói*. A glória de Herakles vem sempre acompanhada da sua desgraça.

Uma obra clássica é um tesouro que venceu a barreira do tempo, as diferenças de culturas e idiomas, que foi reproduzida e disseminada em traduções e adaptações, tornando-se parte do patrimônio cultural e do imaginário da humanidade, e, sempre mantendo sua força, transforma-se em um mistério vivo capaz de seduzir e intrigar quem o descobre. É uma obra que transfigura pessoas, épocas e o próprio mundo, e cuja *antiguidade* se torna um estímulo para novas visões do mundo e da vida. É uma viagem no tempo, na diversidade de consciências, costumes e crenças. É essa a experiência que a coleção O MAIS ATUAL DO TEATRO CLÁSSICO busca oferecer a seus leitores.

ANFITRIÃO

ANFITRIÃO

INTRODUÇÃO

HÉRCULES: O SEMIDEUS QUE NASCEU PERSEGUIDO

Anfitrião se baseia no episódio mitológico da concepção de Herakles (Hércules, na mitologia romana). A partir daí fica delineada toda a promessa tanto de uma vida de façanhas quanto da iminência constante da tragédia.

São notórios os atos de infidelidade de Zeus e suas artimanhas para seduzir ou conquistar as mulheres que desejava. Para possuir a princesa Danae, apareceu sob a forma de chuva de ouro, e com ela teve Perseu. Para Leda, rainha de Esparta, surgiu como um cisne. E para Europa, no episódio que, entre outros desdobramentos, resulta na fundação de Tebas, apareceu como um touro branco, com chifres em formato de lua minguante. Mas nenhuma das suas *performances* foi tão espetacular quanto a que realizou para enganar e possuir Alcmena, mãe de Herakles.

Sendo Alcmena uma mulher apaixonada pelo seu marido, Anfitrião, e aguardando seu retorno da guerra, Zeus, não contente em assumir a aparência dele para enganá-la, deteve o firmamento três noites, imóvel, impedindo que amanhecesse. Assim, pôde prolongar, caprichosamente, sua permanência ao lado dela. Durante todo o período, Alcmena pensava estar se entregando ao marido, que não via há tanto tempo.

Consta que há outras versões teatrais do mesmo episódio, embora não haja comprovações disso nem certeza do teor das demais peças relacionadas ao nascimento de Herakles. Se *Anfitrião* é uma comédia em que tudo acaba bem, por assim dizer, a suspeita de infidelidade que pesaria sobre Alcmena (até que Zeus se digne de intervir e assumir seu ato, para salvá-la) poderia ter sérias consequências para ela. Ao que parece, Ésquilo (*c.* 525-456 a.C.), Sófocles e Eurípides contaram a mesma história, num viés trágico.

No mito mais corrente, o mais representativo dessa questão, Anfitrião já preparava a pira para queimar Alcmena como punição pela infidelidade, quando Zeus envia um dilúvio dos céus e apaga o fogo. Anfitrião, assim, enxerga a intromissão de Zeus em seu lar e aceita assumir a criação de Herakles.

Também em diferentes versões desse mesmo mito, Alcmena tem os sofrimentos do parto retardados por bruxas enviadas por Hera,[4] e quase morre antes de dar à luz, quando é salva por uma vidente, Históris — filha de Tirésias, o adivinho mais proeminente dos mitos gregos —, que engana as bruxas, fazendo-as partir, e só assim Alcmena pôde ter as crianças.

O cenário desta comédia, por outro lado, não poderia ser mais nobre e repleto de simbolismos — Tebas, fundada por Cadmo, num episódio que se mistura à própria introdução do alfabeto fenício (o primeiro da História a compor um sistema de sinais gráficos associados a fonemas) na Grécia. Tebas fora também o cenário do romance entre Zeus e Semele, do

---

4 Em outra versão do mito, até mais aceita, Hera manda Ilítia, deusa dos partos, retardar o nascimento de Herakles para que seu primo Euristeu nasça primeiro e, assim, seja declarado herdeiro do trono de Micenas — o que de fato aconteceu. Em paga, Euristeu foi o intermediário de Hera na determinação das proezas exigidas de Herakles, conhecidas como os Trabalhos de Herakles.

qual nasceu Dioniso, deus do teatro e da literatura, e ainda o do mito e da tragédia (escrita por Sófocles) de Édipo.

É lá que começa a jornada de Herakles, o do "Coração de Leão", como canta o hino atribuído por alguns a Homero. Uma jornada de dor e glória. Acima de tudo, por excelência, a jornada de um herói.

PERSONAGENS/TEMPO LOCALIZAÇÃO

MERCÚRIO, mensageiro dos deuses, filho de Júpiter,
a quem auxilia em diversos episódios;
na mitologia grega, é chamado de Hermes

JÚPITER, senhor de todos os deuses e do Olimpo;
na mitologia grega, é chamado de Zeus

SÓSIA, escravo de ANFITRIÃO

ALCMENA, esposa de Anfitrião e mãe de HÉRCULES,
que na mitologia grega é chamado de HERAKLES,
descendente do grande herói Perseu, que matou a Medusa

ANFITRIÃO, general tebano e marido de ALCMENA, sua prima;
também descendente de Perseu

BLEFARO, capitão do navio de ANFITRIÃO

BROMIA, escrava de ALCMENA, aia

Era mitológica. Alcmena e Anfitrião haviam se casado, mas ela se nega
a consumar o matrimônio antes de Anfitrião vingar seu pai e ela própria
da afronta infligida pelos filhos do rei Ptérela, de Tafos, que, além de
roubarem o gado da família de Alcmena, mataram vários de seus irmãos.
Anfitrião parte para a guerra, e é em sua ausência que Júpiter arma um
ardil para possuir Alcmena, a mais bela das tebanas.
Tebas, cidade fundada por Cadmo no episódio em que, vindo da Fenícia,
procurava sua irmã, Europa, sequestrada por Zeus. A ação se passa diante
da grande casa, ou palácio, de Anfitrião.

PRÓLOGO

MERCÚRIO[5]

Considerando...

... que vocês todos esperam que eu os auxilie e aconselhe nos seus negócios, sempre que estiverem competindo uns com os outros do modo mais rude...

... que desejam que os empreendimentos de sua família e de seus amigos sejam bem-sucedidos, seja em Roma ou fora dela...

... que agora e sempre querem que eu traga a vocês e a todos os seus somente boas notícias, assim como as melhores orientações para tudo o que lhes diga respeito...

... que todos aqui sabem que os demais deuses do Olimpo me escolheram como o príncipe dos lucros e dos comunicados...

... que esperam ainda que meus serviços sejam pródigos o bastante para fazer seus bolsos transbordarem de lucros incessantes...

Considerando tudo isso, sem demora, eu exijo que todos aqui se calem para que a peça possa começar, e ajam exatamente como os melhores críticos da atualidade!

---

5 Na cultura romana, Hermes, o mensageiro de Zeus, é chamado de Mercúrio. Ele é o ajudante fiel do Senhor dos Deuses, papel que desempenha aqui em *Anfitrião*. É também o deus dos comerciantes e dos ladrões. Dependendo da tradição, ganha outras atribuições, já que se trata de uma divindade muito antiga — as primeiras menções a ele são de aproximadamente mil anos antes de Cristo. É, por vezes, representado com asas nas sandálias ou no chapéu, mas seu símbolo mais característico é o caduceu, o bastão que carrega, que tem asas na extremidade superior e duas serpentes entrelaçadas.

Ora, muito bem, por que estou aqui e quem me enviou?... Vou lhes revelar tudo isso, assim como em seguida lhes direi meu nome. Sou Mercúrio e aqui estou por ordem de Júpiter. Isso mesmo. Vim como embaixador de Júpiter. O poder dele, do Senhor de Todos os Deuses, é tão imenso que ele pressupõe que qualquer um faça o que ele ordena. Todos aqui sabemos o quanto ele é temido e reverenciado, uma vez que se trata de Júpiter... Mas, desta vez, ele decidiu que me mandaria convencê-los com palavras insinuantes, e não com ameaças.

O que importa é que Júpiter, aquele de quem sou emissário, teme tão profundamente uma chicotada como qualquer um de vocês aqui presentes,[6] já que o pai desse Júpiter não é um deus nem sua mãe é uma deusa! E também eu temo pelo meu lombo — por causa da cumplicidade que tenho com meu velho e querido pai.

Assim sendo, vim em paz, ou pelo menos para amansar espíritos por aqui. No meu modo de entender, trata-se de um caso bastante simples e justo. O que me leva a pedir justiça a pessoas justas como vocês. Ora, é inútil pedir justiça aos que agem injustamente. E é meramente idiota esperar algo além de injustiças daqueles que mal sabem o que é justiça e menos ainda como argumentar em sua defesa.

Confusos?

Então, que todos prestem total atenção ao que tenho a dizer! Nossos desejos devem se tornar *seus* desejos. É o que devem vocês todos e o Estado ao meu pai e a mim.

Precisarei mencionar todas as dádivas que meu pai lhes proporcionou? É assim que agem muitos dos deuses nas tragédias: Netuno, Virtude, Vitória, Marte e Belona,[7] que constantemente recordam a vocês todas as graças, por menores que sejam, que lhes concederam. No entanto, meu pai é senhor deles todos e do próprio Universo.

---

6 Os atores em Roma eram, em geral, escravos, e poderiam ser surrados por conta de uma má *performance*.

7 Na mitologia grega, não existe um nome equivalente para Virtude, que é uma deusa alegórica, símbolo da cultura romana. Quanto aos outros, são, respectivamente, Poseidon, Niké, Ares e Ênio — esta última chamada de *a destruidora das cidades*, uma deusa da guerra.

Não faz o estilo do meu pai sair exibindo seus grandiosos atos diante das boas pessoas em benefício de quem os praticou! Não, ele se sente satisfeito com a gratidão de vocês e acredita que todos aqui recebem exatamente aquilo que merecem. Então, escutem bem o que vim pedir, e dessa maneira irei revelar a trama central desta tragédia...

Como? Eu disse tragédia? Vocês agora estão fechando a cara para a palavra tragédia? Certo, então. Já que sou um deus, posso substituí-la. Vou fazer desta mesma peça, em vez de uma tragédia, uma comédia, sem precisar mudar nenhuma fala.

Comédia? Sim ou não? O que querem?

Ora, como sou estúpido! Até parece que não sei o que vocês querem! Posso ler suas mentes com perfeição. Isso também porque sou um deus.

Vou fazer então uma pequena mistura. Vamos chamar esta peça de *tragicomédia*.[8] Não é correto chamá-la somente de comédia, uma vez que teremos personalidades e deuses tão importantes neste palco. Assim, como há também um papel em que o personagem é um mero escravo, vamos chamá-la, como acabei de sugerir, de tragicomédia.

Agora, aqui está o favor especial que Júpiter quer que eu lhes peça. Soldados serão postados entre vocês, em todas as falanges do teatro, e se encontrarmos alguém infiltrado, ele será imediatamente preso![9]

Do mesmo modo, se alguém aqui faz campanha em favor de qualquer ator ou artesão, seja por carta, seja pessoalmente, seja por intermediários, ou se for descoberto que os edis[10] concedem a palma de prêmio injustamente, Júpiter declara que a eles deve ser aplicada a mesma lei imposta àqueles que se valem do suborno para obter cargos no governo. Meu pai acredita firmemente que se deve vencer à custa de mérito, e não de corrupção, não por meio de espertezas. E isso vale tanto para as

---

8 Plauto usa esse termo que, na acepção de hoje, não se aplica bem a esta peça. Como explica a seguir, quer ressaltar a inclusão de escravos como personagens importantes, uma característica da comédia, contracenando com deuses, que tradicionalmente seriam personagens de tragédias. **9** As peças eram apresentadas em um concurso, que escolhia a melhor delas e o melhor autor, e as plateias tinham algum poder nessa escolha. Não se sabem mais detalhes desse procedimento. **10** Funcionários do Estado romano ou magistrados encarregados de monitorar o bom funcionamento de serviços públicos, como era a apresentação de peças nos festivais.

personalidades importantes quanto para os atores! Todos vocês deveriam sempre tentar prosperar pelos seus méritos, e não à custa de favorecimentos. Mérito é algo que se obtém agindo honestamente — contanto que aqueles que julguem a questão sejam corretos.

Agora, vou transmitir-lhes outra reivindicação de Júpiter. Soldados devem igualmente ser designados para vigiar os atores. E, se alguém plantou na plateia pessoas para aplaudir esses atores ou para vaiar um colega, suas roupas têm de ser rasgadas, assim como ele próprio tem de ser surrado!

Ora, não quero ninguém aqui imaginando (parem já com isso!) por que Júpiter tão subitamente se interessou pelas artes dramáticas... Sim, isso mesmo, ele vai pessoalmente aparecer nesta comédia. Vocês não estão surpresos, ou estão? Como se fosse incomum Júpiter estar atuando numa peça! Ora, isso já aconteceu aqui mesmo neste teatro, em outras encenações! Na apresentação de hoje, aqui neste palco, afirmo novamente, Júpiter vai atuar, e eu também.

Agora, prestem toda a atenção, pois vou resumir para vocês o enredo da peça. Estamos na cidade grega chamada Tebas, numa era ainda anterior à história escrita. Anfitrião mora bem ali. Argivo[11] de nascença e filho de um argivo, casou-se com Alcmena, filha de Electrion. Os tebanos e os teléboas estão em guerra. Neste momento, Anfitrião está comandando suas tropas. Antes de partir para a guerra, contudo, ele engravidou sua mulher, Alcmena.[12]

Bem, todos vocês conhecem meu pai e o quanto ele age descontroladamente em questões como essa. Sabem o quanto ele se empolga quando uma mulher atrai seu olhar. E ele ficou entusiasmado com Alcmena sem que o marido desta soubesse. Em outras palavras, tomou emprestado ao marido o corpo de Alcmena para seu uso. Foram para a cama e agora ela está grávida dele também.

---

11 Natural da cidade de Argos.

12 No *Dicionário Mítico-etimológico* de Junito Brandão (Vol. 1, p. 51) consta que Anfitrião engravida Alcmena depois que Zeus a engravida. Ela não havia consentido ter relações com o marido, até que Anfitrião a vingasse e ao pai dela, castigando os filhos do rei Ptérela.

Entenderam bem o que aconteceu a Alcmena?

Ela ficou grávida tanto de seu marido quanto do poderoso Júpiter! Meu pai se encontra aninhado no leito com ela neste momento, e, para seu capricho, a noite foi prolongada, de modo a permitir que tenha mais tempo com a mulher que tanto deseja. E mais: usou seus poderes para assumir a aparência de Anfitrião.

Bem, não estranhem esta veste com que me apresento a vocês, como se eu fosse um escravo. É absolutamente natural que eu venha para cá exibindo um novo aspecto, já que estamos apresentando uma história antiga e já muito explorada, embora sob uma forma inteiramente nova.

Ora, meu pai, Júpiter, está aí dentro, neste preciso momento, e aparenta para Alcmena a imagem sem tirar nem pôr de Anfitrião. Todo escravo que o vê pensa se tratar de seu amo.

Júpiter é um mestre do ilusionismo.[13] Já eu, roubei a aparência de Sósia, o escravo que acompanhou Anfitrião em sua campanha guerreira. Desse modo, me transformei para melhor servir meu apaixonado pai, sem precisar responder a embaraçosas perguntas sobre quem sou enquanto percorro à vontade os aposentos desta casa.

Assim, parecendo ser um escravo como todos os demais, ninguém me indagará quem sou nem o que estou fazendo. Enquanto isso, meu pai permanece lá dentro, satisfazendo seus caprichos, abraçado ternamente à mulher que tanto deseja! Neste momento, conta a Alcmena tudo o que aconteceu na guerra. Ela acredita que está deitada com seu marido, sequer suspeita quem ele seja na realidade. Meu pai derrama toda sua conversa sobre ela, contando que destroçou as tropas inimigas, e se gaba dos muitos tesouros que trouxe da pilhagem.

A propósito, roubamos de Anfitrião esses tesouros, já que meu pai pega para si o que bem entende.

Certo, então, hoje Anfitrião voltará da guerra, acompanhado do escravo que incorporei. E, para que vocês possam nos distinguir um do

---

13 Era hábito de Zeus assumir diferentes formas para seduzir as mulheres que cobiçava. Para encantar Europa, por exemplo, surgiu para ela como um prodigioso touro branco com chifres em forma de lua, e dessa união nasceu, entre outros, Minos, o lendário rei de Creta, pai adotivo do Minotauro. Para Danae, com quem teve o herói Perseu, exibiu-se como chuva de ouro.

outro, vou manter estas penas em meu chapéu. Já meu pai, terá uma borla pendendo do seu, enquanto Anfitrião não terá nada igual em seu chapéu. Esses objetos serão invisíveis para todos desta casa, enquanto vocês e apenas vocês os verão sem nenhum problema.

Mas, esperem! Vem chegando o escravo de Anfitrião, Sósia. Vem direto do porto, com um candeeiro na mão. Minha tarefa é confundi-lo, tirá-lo do seu caminho. Então, prestem bastante atenção! Vai valer a pena assistir a Júpiter e Mercúrio atuarem como comediantes!

CENA 1

[Entra Sósia, vindo do porto. Noite.]

SÓSIA

Quem poderá se igualar em ousadia e determinação a mim, que caminho sozinho na madrugada morta, numa hora em que todos os assassinos fortes e jovens estão à espreita de seus esconderijos? E o que vou fazer se os soldados me enfiarem numa cela? Tampado como uma garrafa de vinho, serei devidamente liberado pela manhã... mas somente para que possam me surrar à vontade! Não terei chance de apresentar minha defesa nem o meu amo virá me ajudar. Todos simplesmente considerarão que eu fiz por merecer o castigo. E oito rapazes, enormes e cheios de músculos, descerão sua violência sobre mim como o martelo do ferreiro sobre sua bigorna.

Que excelente maneira de dar boas-vindas a quem chega a esta terra! Só estou aqui por causa da ansiedade do meu amo, que me tirou da cama e me fez atravessar o porto totalmente contra minha vontade! Não poderia esperar para que eu entregasse esta mensagem quando amanhecesse? É dura a vida do escravo de um homem rico. E o que torna tudo pior é que, seja noite ou seja dia, o trabalho nunca termina. Sempre resta algo a ser feito, uma mensagem a ser entregue, nunca se descansa. Enquanto isso, o amo rico não ergue um dedo sequer, a não ser para indicar alguma tarefa, segundo seus desígnios. Nunca questiona se o que pede é justo ou não! Essa coisa toda de escravidão é tremendamente injusta. Um fardo insuportável que a gente tem de carregar para sempre...

MERCÚRIO

[Para a plateia:]

Sou eu quem deveria estar aqui me queixando! Acordei esta manhã como um homem livre, e agora meu pai me reduz a escravo. E ainda tenho de aturar os resmungos desse imprestável!

SÓSIA

E ainda me chamam de imprestável! De "protegido" do meu amo, porque sirvo somente a ele, e nunca pego em tarefas mais pesadas. Mas quem é o saco de pancadas de Anfitrião? No entanto, pensei ao menos em agradecer aos deuses por meu regresso em segurança? Não. Mereço mesmo umas chicotadas. Ou que alguém mude minhas fuças a murros. É o que bem me cabe.

MERCÚRIO

Que coisa mais rara! Um humano que sabe perfeitamente o que merece.

SÓSIA

No fim das contas, quem poderia esperar que voltássemos para casa? E vivos e inteiros, ainda por cima? Ninguém. Mas aqui estamos! A guerra acabou, e nosso exército já retorna, comemorando a vitória. O inimigo foi exterminado. A fortaleza dos inimigos, que disseminaram a morte mais horrenda sobre Tebas, foi esmagada e conquistada graças à coragem e à força de nossos soldados. Todos sob o bravo comando de nosso mestre Anfitrião. E ele distribui generosamente o butim, terras e glórias entre seus homens, assim como garantiu o rei Creonte no trono de Tebas. A razão de ter me mandado às pressas para sua casa, a esta hora, é relatar à esposa dele, a bela Alcmena, que a cidade está salva, graças ao seu comando.

Esperem. Talvez eu devesse ensaiar o que devo dizer quando estiver diante dela. E se eu temperar tudo com uma pequena mentira... Ou talvez duas... Bem, é o que costumo fazer, não é? Na verdade, no momento em que a batalha começou, tratei de sumir de perto. Mas quem disse que não sei fingir que estive lá, firme, o tempo todo? Sei, sim, e muito bem. É o que vou fazer quando estiver diante da bela e fiel Alcmena.

Agora, pensando bem, é melhor ensaiar direito para não cair em contradição. Lá vai... Assim que nossos pés tocaram aquelas praias, Anfitrião selecionou alguns de seus melhores homens, aqueles em quem mais confiava, e os nomeou seus emissários para dizer aos habitantes de Tafos[14] o seguinte: "Se vocês, de espontânea vontade e sem mais hostilidades, entregarem os saques e os saqueadores,[15] se devolverem tudo o que levaram, Anfitrião imediatamente retornará para casa, e com ele os argivos, e que vocês vivam longamente, sem mais problemas. Mas, se não aceitarem suas condições, nosso amo cairá sobre vocês com todo o poder de seus exércitos."

Após transmitirem essa mensagem, palavra por palavra, os tafoseanos, excessivamente confiantes em sua coragem e força, debocharam de nossos emissários, ridicularizaram-nos e gabaram-se de ser plenamente capazes de rechaçar qualquer inimigo. Mais ainda, ordenaram que saíssemos de suas terras. Ao tomar conhecimento da reação de nossos adversários, Anfitrião, de imediato, pôs suas tropas em marcha. O inimigo fez o mesmo, apresentando-se a nós com suas reluzentes armaduras.

Uma força completa se posiciona de cada lado, os homens em seus postos, as falanges[16] em perfeita ordem. Nossas legiões também estavam garbosamente preparadas para a refrega, encarando altivamente o inimigo, quando, então, ambos os generais se encontraram entre os dois exércitos e travaram conversações, ali mesmo, negociando um acordo segundo o qual quem quer que fosse derrotado na batalha teria de entregar suas terras, seus lares, suas esposas, filhos e a eles próprios. Isso decidido, os trompetes soaram de cada lado.

O solo estremeceu. Gritos elevaram-se dos dois lados. Ambos os generais pediram a proteção de Júpiter e exigiram que suas tropas mostrassem seu valor.

Todo guerreiro deu o máximo de si. As espadas chocaram-se com violência. As lanças se partiram contra o peito dos adversários. E o céu por inteiro ecoou os berros dos soldados, suas respirações ofegantes e ardidas

---

14 A cidade de Tafos, na ilha do mesmo nome.

15 O gado roubado e os filhos do rei Ptérela.

16 A infantaria de muitos exércitos gregos se organizava em falanges, grupos com armadura e escudo, lança e/ou espada, em formação cerrada.

de fúria formavam uma neblina, enquanto incontáveis deles tombavam com seus ferimentos jorrando sangue.

Finalmente, nossas preces foram atendidas. Estávamos vencendo! Mas continuamos a pressioná-los, numa carga ainda mais potente, fazendo os inimigos tombarem aos punhados.

Nossos poderosos soldados impuseram sua superioridade. Nenhum de nossos homens fugiu da luta nem demonstrou medo. E nenhum tampouco cedeu um passo sequer do terreno que íamos conquistando. Antes, morriam de pé e combatendo, e mesmo na morte mantinham-se em ordem nas suas falanges.

Depois de estudar o palco dos combates, meu amo Anfitrião ordenou que a cavalaria avançasse, vindo do flanco direito. Prontamente, suas ordens foram obedecidas, e os soldados investiram num galope avassalador, abatendo e cortando em pedaços os soldados inimigos.

Enfim, uma carnificina que eles mereceram sofrer.

MERCÚRIO

Por enquanto, nem um grama de ficção neste relato. Eu estava lá (assim como meu pai). Assistimos à batalha inteira.

SÓSIA

Então, o inimigo iniciou a debandada, mas isso não nos fez perder o ímpeto. A retaguarda dos em fuga eriçou suas lanças. Anfitrião pessoalmente matou o rei Ptérela.

A batalha durou do amanhecer até o pôr do sol.[17] Disso me lembro muito bem, já que por essa razão fiquei sem almoço. E somente a escuridão a interrompeu. No dia seguinte, os comandantes do inimigo apareceram em nosso acampamento chorando, com ramos de oliveira nas mãos, implorando que os poupassem, rendendo-se e entregando não somente a eles mesmos, como também a cidade, seus filhos, suas relíquias mais sagradas e tudo o mais, à nossa misericórdia. Em seguida, Anfitrião foi premiado com uma taça de ouro, por seu valor, do gênero que os reis usam para beber até embriagar-se. Pronto, já sei exatamente o que vou dizer a Alcmena. Então, adiante! Hei de cumprir agora as ordens do meu amo.

---

17 O que seria o tempo máximo de duração para uma batalha, já que a escuridão forçava os combates a serem suspensos durante a noite.

MERCÚRIO

[Para a plateia:]

Ah, ele pensa que vai entrar nessa casa? Não, um instante, que vou cortar seus passos exatamente agora. E como estamos exatamente com a mesma cara, Sósia vai ficar sem reação. Bem, eu assumi seu corpo, suas feições, e é hora de também assumir seu jeito de falar e de se mover.

Vou agir de modo ardiloso, esperto, até mesmo cruel. Vou usar da mesma malícia que é sua arma preferida. Mas... o que houve? Está olhando para o céu. O que está passando em sua cabeça?

SÓSIA

Danação! Se há algo que posso dizer é que quem deve estar bêbado é esta noite, que se recusa a ir embora. A Ursa Maior sequer se moveu. A lua está parada no mesmo lugar desde que saí do porto. Órion, as Plêiades, Vênus, estão todas mortas, lá nas alturas. Nenhum movimento. Nenhum sinal de pretenderem abrir caminho para a aurora.

MERCÚRIO

[Para a plateia:]

E parada se mantenha, Noite aliada, sempre conivente com a luxúria do meu pai. Um belo trabalho feito de uma bela maneira para o melhor dos deuses. De fato, um esforço que vale a pena.

SÓSIA

Nunca vi uma noite mais comprida do que esta. A não ser aquela em que passei o tempo todo sendo chicoteado e pendurado a um poste. Só que esta parece ainda mais comprida. Tenho certeza de que o sol está dormindo e não me admiraria se ele tivesse se excedido no jantar.

MERCÚRIO

[Para a plateia:]

Acha isso mesmo, seu saco de excrementos? Pensa que os deuses são iguais a você? Ah, mas você vai aprender. Vou tratar de lhe ensinar muito bem a lição! Então, adiante, venha encarar seu destino!

SÓSIA

Onde estão esses idiotas cheios de fogo que não suportam se deitar sozinhos? É uma noite perfeita para enriquecer uma boa profissional.

MERCÚRIO

[Para a plateia:]

Então, meu pai está aproveitando bem, deitado na cama com a bela Alcmena, dando vazão aos seus desejos.

SÓSIA

Chegou a hora de transmitir a Alcmena a mensagem do meu amo… Epa! Quem é esse sujeito parado de pé na entrada da casa? E a esta hora da noite? Não estou gostando disso.

MERCÚRIO

[Para a plateia:]

Alguém já viu um homem mais covarde?

SÓSIA

[Para a plateia:]

O sujeito tem um ar de quem pretende cortar a mim e ao meu manto em pedaços.

MERCÚRIO

[Para a plateia:]

Como ele está apavorado. Vou começar a me divertir com esse pobre coitado.

SÓSIA

Chega! Até meus dentes estão tremendo. Na certa, o cumprimento que vai me dar será me cobrir de murros! Ou quem sabe sentirá pena de mim? Ah, assim como meu amo teve a bondade de me acordar a pontapés, esse que ali está irá me pôr de novo para dormir a socos! Ai, ai, sou um homem morto! Pelos deuses, piedade... Mas ele é tão alto, tão forte...

MERCÚRIO

[Para a plateia:]

Vou falar bem alto para que ele escute cada palavra. É assim que vou apavorá-lo pra valer.

[Fala alto:]

Muito bem, punhos meus. Já faz um bom tempo que vocês não se exercitam. Parece que já se passou uma eternidade desde que estas mãos nuas nocautearam aqueles últimos quatro idiotas.

SÓSIA

[Para a plateia:]

Ele disse mesmo que certa vez nocauteou quatro sujeitos de uma só vez com as mãos nuas? Então, desconfio que meu nome vai mudar de Sósia para Quinto.[18]

MERCÚRIO

[Dando socos no ar, com toda a pose de quem vai partir para a briga.]

Bem, vamos lá!

SÓSIA

[Para a plateia:]

Minha nossa! Ele está vindo para cima de mim!

---

18 Era um prenome comum em Roma.

MERCÚRIO

Ele não escapa de uma boa surra agora.

SÓSIA

[Para a plateia:]

Quem?

MERCÚRIO

Quem quer que tente passar por mim vai comer socos.

SÓSIA

[Para a plateia:]

Comer? A esta hora da noite? Não, obrigado. É melhor guardar seus petiscos para quem estiver com fome.

MERCÚRIO

[Socando o ar repetidas vezes.]

Ah, que belos murros dão estes punhos.

SÓSIA

[Para a plateia:]

Ai! Ai! É como se eu já estivesse apanhando!

MERCÚRIO

Vamos ver quantos ele aguenta antes de apagar.

SÓSIA

[Para a plateia:]

Ele até estaria me fazendo um favor, já que há três noites não durmo.

MERCÚRIO

[Dando socos no ar, como num exercício de boxe.]

Ei, calma, meus punhos! Não podem socar com tanta força, senão a vítima acaba recebendo uma massagem exagerada no rosto.

SÓSIA

[Para a plateia:]

Mas de um tratamento de beleza desses eu não preciso!

MERCÚRIO

A rigor, o que se deve fazer é extrair os ossos, e sobram os filés!

SÓSIA

Pelos deuses! Ele pensa que sou um peixe? Que uma maldição caia sobre esse fileteiro de rostos. Se ele me vir, posso me considerar morto.

MERCÚRIO

Sinto cheiro de algo podre.

SÓSIA

[Para a plateia:]

Será que soltei algum fedor?

MERCÚRIO

Ele está bem perto agora, mas veio de muito, muito longe.

SÓSIA

O sujeito é um adivinho!

MERCÚRIO

Meus punhos já não conseguem se segurar de tanta fúria.

SÓSIA

E por que não descarrega nas paredes, em vez de em mim?

MERCÚRIO

As asas de uma voz estranha chegam aos meus ouvidos.

SÓSIA

Ah, que voz desgraçada essa minha. Quisera ter cortado as asas dela.

MERCÚRIO

Mas esse idiota está mesmo procurando encrenca.

SÓSIA

Como? Não estou procurando nada!

MERCÚRIO

E o que ele vai encontrar, em cheio, são meus punhos!

SÓSIA

Minha nossa! Já estou exausto por causa da viagem, exaurido de tanto enjoo no mar, e mais essa agora? Por piedade!

MERCÚRIO

Mas tem mesmo alguém falando aqui por perto.

SÓSIA

Ufa! Ele ainda não me viu. Está escutando "alguém" falar. Mas sou Sósia. Não sou um mero *alguém*.

MERCÚRIO

Creio que um som vindo da direita me alcança os ouvidos.

SÓSIA

[Para a plateia:]

Pronto! Vou apanhar até morrer por não conseguir calar esta minha boca.

MERCÚRIO

[Para a plateia:]

Mas que ótimo. Está vindo direto para mim.

SÓSIA

[Para a plateia:]

Mas que medo! Não consigo mais sequer saber em qual abismo do inferno vim parar. Não posso mexer um só dedo. Nada. É o fim! Sósia acaba aqui, e com ele desaparece a mensagem que deveria transmitir à minha senhora Alcmena. Mas vou enfrentá-lo como homem... Ou pelo menos fingir que posso fazer isso. Quem sabe ele então se torna menos violento?

MERCÚRIO

Quem se aproxima com Vulcano[19] preso numa lamparina?

SÓSIA

E quem é você, fileteiro de rostos?

MERCÚRIO

Você é um escravo ou um homem livre?

SÓSIA

Sou sempre quem eu desejar.

---

19 Filho de Juno (Hera, na mitologia grega) e Júpiter (Zeus), na mitologia grega é chamado Hefesto. Era o deus ferreiro, senhor da metalurgia, das forjas, dos vulcões e do fogo. Adorado especialmente pelos artesãos. Foi renegado pela mãe, que o achou feio demais e o atirou do alto do monte Olimpo. Como consequência da queda, ficou coxo. Passou, então, a viver num vulcão, sua forja, onde trabalha ajudado por ciclopes. É quem fabrica os raios de Júpiter, além de executar outros trabalhos para os deuses, como a carruagem-sol de Apolo, e para os heróis, como a armadura de Aquiles. Mercúrio usa aqui uma imagem para falar da chama de uma lamparina que Sósia carrega.

MERCÚRIO

Mas que beleza!

SÓSIA

Muito obrigado.

MERCÚRIO

Ora, não custa ser gentil com quem está para morrer.

SÓSIA

Não acredito em suas pragas!

MERCÚRIO

Mas vai aprender a acreditar em breve.

SÓSIA

Será uma lição necessária?

MERCÚRIO

Depende de para onde está indo, do assunto de que veio tratar e de quem é o seu dono.

SÓSIA

É para cá que estou vindo, e sou o escravo de meu amo. Satisfeito?

MERCÚRIO

Vou arrancar esse sorriso do seu rosto, espertinho.

SÓSIA

Não é preciso. Pronto, vê? Já o joguei fora.

MERCÚRIO

Mas ainda está aqui? O que você quer?

SÓSIA

A verdadeira questão é o que *você* quer aqui.

MERCÚRIO

O rei Creonte sempre coloca guardas aqui durante a noite.

SÓSIA

Fico feliz em saber que eles tomam conta da casa enquanto estamos ausentes. Mas pode ir embora agora. Diga ao rei que voltamos.

MERCÚRIO

Não sei a qual família você pertence, mas é melhor ir embora daqui, a não ser que deseje ser recebido de um modo nada familiar!

SÓSIA

Acontece que moro nesta casa. Sou um dos escravos da família.

MERCÚRIO

Quer saber de uma coisa? Se ficar aqui, vou cuidar para que ganhe mais altura neste mundo.

SÓSIA

E como vai fazer isso?

MERCÚRIO

Fácil. Bastará colocar você num esticador de ossos.

SÓSIA

Mas eu sou mesmo escravo dessa família.

MERCÚRIO

Ora, teima ainda? Quer sua surra agora ou para logo em seguida?

SÓSIA

Acha mesmo que vai me afugentar daqui? Mas se eu acabo de chegar do estrangeiro.

MERCÚRIO

E esta é a sua casa?

SÓSIA

Isso mesmo.

MERCÚRIO

E quem é o seu amo?

SÓSIA

Anfitrião, comandante do exército de Tebas, marido de Alcmena.

MERCÚRIO

Qual é o seu nome, então?

SÓSIA

Os tebanos me chamam Sósia e meu pai se chamava Davo.

MERCÚRIO

Ah, finalmente você terminou a costura de sua perdição com essa mentira mal-alinhavada, seu monte de estrume.

SÓSIA

A única coisa mal-alinhavada aqui é esta túnica com que vim.

MERCÚRIO

Mais mentiras! Você não veio aqui com sua túnica, mas com seus pés.

SÓSIA

Como?

MERCÚRIO

[Esmurra Sósia, que vai ao chão.]

O que importa é que você será açoitado por dizer tantas mentiras. Lá vai uma amostra!

SÓSIA

Ai… Tinha esperança de ter um dia bem diferente disso.

MERCÚRIO

E eu espero que não tenha de esperar para vê-lo receber o castigo. O chicote não está nem aí para as suas esperanças. E não espere que ele o faça esperar.

SÓSIA

Imploro a sua piedade.

MERCÚRIO

[Mostra-se acintosamente.]

Mas ainda ousa afirmar que é Sósia, o escravo de Anfitrião, quando essa pessoa *sou eu*!

SÓSIA

Pelos deuses! Estou vendo coisas!

MERCÚRIO

[Agarra-o.]

E logo começará a *sentir* coisas doendo em seu lombo. Quem é o seu amo agora?

SÓSIA

Você. Seus punhos me compraram. Tebanos, por piedade, venham em meu socorro!

MERCÚRIO

Vai fazer escândalo agora, seu verme? Diga logo o que veio fazer aqui.

SÓSIA

Vim aqui para você me usar como seu saco de pancada.

MERCÚRIO

E quem é o seu dono?

SÓSIA

Anfitrião. E eu sou Sósia!

MERCÚRIO

Ah, está pedindo mais um murro? Aqui! E bem pesado! Eu sou Sósia, não você.

[Mais um murro em Sósia.]

SÓSIA

Bem que eu queria que assim fosse... porque então eu é que estaria batendo, e não apanhando.

MERCÚRIO

Pare de resmungar. E de gemer também.

SÓSIA

Não vou soltar nem um gemido, então.

MERCÚRIO

Quem é o seu dono?

SÓSIA

Quem você quiser.

MERCÚRIO

Muito bom. E qual é o seu nome?

SÓSIA

O que você quiser também.

MERCÚRIO

Mas você afirmava que era Sósia, escravo de Anfitrião.

SÓSIA
Um equívoco tolo. Quis dizer que era *sócio* de Anfitrião.

MERCÚRIO
Muito bem. Eu sabia que era o único Sósia por aqui. Que erro idiota esse seu!

SÓSIA
Já os seus punhos, acertam sempre.

MERCÚRIO
Sou Sósia, esse que você pretendia ser.

SÓSIA
Mas seria possível conversarmos sem eu apanhar mais?

MERCÚRIO
Podemos fazer uma trégua se você tem algo importante a dizer.

SÓSIA
Falarei somente se der sua palavra. Seus punhos me metem medo demais.

MERCÚRIO
Você pode falar agora, sem nada temer.

SÓSIA
Promete?

MERCÚRIO
Sim, prometo.

SÓSIA
Mas e se quiser me enganar?

MERCÚRIO

Então, que Sósia sofra um castigo aplicado pessoalmente por Mercúrio.

SÓSIA

Escute, agora que posso falar sem ameaças. Sou Sósia, escravo de Anfitrião.

MERCÚRIO

De novo com essa conversa?

SÓSIA

Lembre-se da sua promessa. Estou dizendo a verdade.

MERCÚRIO

Então vai apanhar.

SÓSIA

Faça como quiser, já que seus punhos tudo podem. Mas seja o que for que decidir contra mim, direi sempre a mesma coisa, por Júpiter!

MERCÚRIO

Mesmo que você tente até morrer me fazer deixar de ser Sósia, não conseguirá.

SÓSIA

E você, pelo Hades, não conseguirá tampouco me fazer reconhecer outro amo. Além de mim, não existe nenhum outro escravo chamado Sósia nesta casa.

MERCÚRIO

Esse sujeito endoideceu.

SÓSIA

E você é um maluco tentando fazer parecer que o são perdeu o juízo. Dane-se você. Eu sou Sósia, escravo de Anfitrião, e disso não há como duvidar. Não acompanhei meu amo à guerra? E não fui eu que cheguei na noite passada do porto da Pérsia? E meu mestre não me mandou vir até aqui com tarefas a cumprir? E não sou eu mesmo que estou aqui, parado na porta da casa, com esta lanterna em minha mão? Não estou eu falando aqui bem alto e claro? Não fui eu que acabei de levar uma surra? Ah, isso aconteceu, sim, exatamente como digo. Meu pobre queixo ainda dói, e essa é a prova. Então, o que aguardo? Por que não entro neste instante em nossa casa?

MERCÚRIO

Sua casa?

SÓSIA

Isso mesmo!

MERCÚRIO

Você só fala mentiras. Eu sou Sósia, escravo de Anfitrião. Nesta noite, zarpamos do porto da Pérsia. Tomamos de assalto a cidade sobre a qual reinava Ptérela. Derrotamos suas legiões e o próprio Anfitrião matou, com suas mãos, o rei.

SÓSIA

Mal posso crer no que escutam meus ouvidos. Terá sido isso mesmo o que esse homem disse? E ele contou tudo corretamente, bem como aconteceu. Diga-me, então. Que presente ganhou Anfitrião dos tafoseanos?

MERCÚRIO

Ora, a taça de ouro do rei Ptérela. E ele costumava ficar embriagado de tanto beber nela.

SÓSIA

Isso mesmo! E onde está a taça agora?

MERCÚRIO

Trancada e selada com o selo do próprio Anfitrião.

SÓSIA

E como é esse selo?

MERCÚRIO

O sol se elevando em sua carruagem para os céus. Achou que ia me pegar, seu lixo?

SÓSIA

Para mim chega! Vou arranjar outro nome. Não imagino como ele sabe dessas coisas todas, mas tive uma ideia de como enganá-lo. Não há como ele saber o que fiz no interior da minha tenda. Não havia ninguém comigo e, assim, somente eu sei do que estou falando.

[Para Mercúrio:]

Diga-me, então: se você é realmente Sósia, o que foi fazer em sua tenda no momento mais violento da batalha? Responda e será o vencedor.

MERCÚRIO

Peguei uma jarra de vinho, servi-me numa taça e bebi.

SÓSIA

Foi isso mesmo o que *eu* fiz!

MERCÚRIO

Esvaziei a taça inteira num único gole. Era um vinho tão puro quanto o leite materno.

SÓSIA

Espantoso! Ele está certo! Bebi a jarra inteira, sem diluir em água, como se aconselha. Já não me surpreenderia se esse sujeito estivesse escondido dentro daquela jarra.

MERCÚRIO

Então, convenci você de que não é Sósia?

SÓSIA

Você afirma que eu não sou Sósia, é isso?

MERCÚRIO

Claro, se *eu* sou Sósia.

SÓSIA

Por Júpiter! Juro que Sósia sou eu. Estou falando a verdade.

MERCÚRIO

Pois bem, eu juro por Mercúrio — e que o deus me castigue — que Júpiter desmentiria você. Ele acreditaria em mim, e não em você, e eu nem precisaria jurar que estou dizendo a verdade.

SÓSIA

Mas, se não sou Sósia, quem sou eu? Suplico que me responda.

MERCÚRIO

Você poderá ser Sósia quando eu não quiser mais ser esse sujeito. No momento, entretanto, eu sou Sósia e você é ninguém. Agora, vá embora ou morrerá!

SÓSIA

Por Hades! Agora que observo a nós dois com cuidado (e muitas vezes já contemplei meu reflexo no espelho), ele é minha imagem sem tirar nem pôr. O mesmo capuz, as mesmas roupas. Ele se parece tanto comigo quanto eu mesmo. Pernas, pés, altura, corte de cabelo, olhos, nariz e lábios, queixo e bochechas, barba, pescoço — tudo exatamente igual. O que posso dizer? Se tiver cicatrizes de açoites nas costas, tem de ser eu, mais ninguém. Mas, quando penso melhor, eu me sinto eu mesmo, e o mesmo de sempre. Sei quem é meu amo. Conheço esta casa por dentro e por fora. E minha mente está clara. Não, não desistirei, seja o que for que ele faça. Vou bater à porta.

MERCÚRIO

Vai a algum lugar?

SÓSIA

Sim, vou entrar em casa.

MERCÚRIO

Nem que você fosse passageiro da carruagem de Júpiter! Seu castigo será implacável.

SÓSIA

Posso pelo menos dizer à minha ama o que o meu amo me mandou transmitir a ela?

MERCÚRIO

Como? Que atrevimento! Não ouse se aproximar de minha ama. Se continuar me aborrecendo, vai ser feito em pedaços. Irá se tornar a casca vazia de um homem.

SÓSIA

Ó deuses imortais. Aqui estou eu, pedindo a sua misericórdia. Será que morri? Como fui transformado para deixar de ser o que sou? Como perdi meu rosto? Ou será que esqueci quem sou e deixei meu eu verdadeiro para trás, no porto? Como pode esse sujeito ser igual a mim? Como pode ter feições que eram somente minhas? Como pode estar acontecendo algo comigo, ainda vivo, que jamais acontecerá depois de minha morte? Vou já retornar ao porto para contar ao meu amo tudo o que aconteceu aqui. A não ser que tampouco Anfitrião me reconheça. Daí, por Júpiter, vou tirar minha barba e passar a usar o chapéu dos escravos libertos.

CENA 2

[Mercúrio permanece no palco e se dirige à plateia:]

MERCÚRIO

Até aqui tudo está caminhando conforme planejei. Consegui afugentar aquele verme para longe da porta da casa. Com isso, meu pai pode ficar à vontade com sua amante. E quando o verme chegar para o seu mestre, no porto, dizendo que o escravo dele, Sósia, o botou para correr, Anfitrião vai achar que ele está mentindo. Que ele nem chegou a cumprir sua ordem de vir até aqui. Vou confundir os dois e toda a criadagem de Anfitrião a tal ponto que vão chegar à total insanidade. Com isso, o mulherengo do meu pai poderá ter tudo o que quiser com sua nova conquista. E, somente depois disso, todos saberão o que houve aqui. Anfitrião ficará cego de raiva e acusará a esposa de tê-lo traído.[20] Mas, no final, Júpiter fará com que ela e o marido se reconciliem. Ora, mas há algo que ia me esquecendo de revelar a vocês sobre Alcmena: ela vai dar à luz meninos gêmeos.[21] E isso vai acontecer hoje.

Um deles é filho de Anfitrião e o outro, de Júpiter. Assim, o mais novo terá o maior de todos os pais. O mais velho, um pai inferior. Entenderam? Meu pai, por causa de todo o respeito e consideração que tem por Alcmena, providenciou um duplo nascimento nesta casa. E ela não sentirá nenhuma dor com o parto.

Como eu disse, Anfitrião saberá de tudo. E então ninguém mais terá coragem de recriminar Alcmena. Ora, nenhum deus permitiria que um

---

20 No mito, Anfitrião chega a preparar uma pira para nela queimar Alcmena por adultério.
21 O irmão de Hércules será chamado Íficles.

mortal fosse responsabilizado pelos caprichos dele. Mas agora é hora de me apressar. A porta estala. O falso Anfitrião está deixando a casa com Alcmena, sua adorável esposa de empréstimo.[22]

---

22 Como se trata de uma comédia, Mercúrio cuida de tranquilizar a plateia sobre o destino de Alcmena. A mãe de Hércules morrerá idosa, e será levada pelo filho para a Ilha dos Bem-aventurados, onde os falecidos, em vez de descerem ao terrível Hades, gozam de uma nova vida. Há até mesmo versões que contam que Zeus a conduziu ao Olimpo, para lá morar junto com Hércules.

CENA 3

[Júpiter e Alcmena saem da casa de Anfitrião.]

JÚPITER

Até breve, Alcmena. Tome conta direito de nossos bens, como sempre você fez. E, por favor, se cuide também. A hora do parto está chegando. Trate o melhor possível do menino que vai nascer.

ALCMENA

Por que tanta pressa, meu amado? Por que tem de me deixar tão de repente?

JÚPITER

Esteja certa de que não é por ter me cansado de você nem de estar em nossa casa. Acontece que, quando o comandante se ausenta, as tropas começam a se meter em confusões. E, cedo ou tarde, algo que não deveria acontecer, acontece.

MERCÚRIO

[Afastado.]

Mas que artista. Que talento para o humor! Até parece que sou eu! E olhem só como ele engana direitinho essa bela mulher.

ALCMENA

Estou descobrindo agora o valor que você me dá.

JÚPITER

Não basta que eu a ame mais do que a qualquer outra mulher na Terra?

MERCÚRIO

Ora, ora! Mas se a sua esposa, Hera, lá do Olimpo, soubesse o que anda fazendo no mundo dos mortais, garanto que você ia preferir ser Anfitrião a ser Júpiter.

ALCMENA

Acredito em atos, não em palavras. Você aparece no meio da madrugada, sem aviso, e, mal esquenta seu lado da cama, já vai embora outra vez. Não, não está certo.

MERCÚRIO

Lá vou eu ajudá-lo. Faz parte das minhas tarefas, quando meu pai arranja apertos em suas aventuras amorosas.

[Para Alcmena:]

Minha ama, afirmo que nenhum homem neste mundo ama sua esposa tão intensamente quanto Anfitrião.

JÚPITER

Ah, seu inútil. Sei muito bem o que está tramando. Saia da minha frente! Desde quando pode se meter em meus assuntos, seu cão sujo? Mais uma intromissão sua e eu... Está vendo este bastão?

ALCMENA

Por favor, não!

JÚPITER

Basta que abra a boca outra vez e eu...

MERCÚRIO

[Para a plateia:]

Parece que minha ajuda não foi muito apreciada.

JÚPITER

Agora, minha querida, não se zangue comigo. Vim para cá sem comunicar nada a ninguém, somente para passar alguns momentos com você. Queria que fosse a primeira a saber o resultado da minha missão de guerra. E tudo lhe contei, detalhadamente. Não teria feito nada disso se não a amasse profundamente.

MERCÚRIO

[Para a plateia:]

Não falei? Mas que grande fingido!

JÚPITER

Mas, para que ninguém na tropa saiba do que andei fazendo, preciso me apressar. Não posso permitir que descubram que coloquei minha esposa antes da minha obrigação.

ALCMENA

Vai embora assim, tão depressa, deixando sua esposa aqui, em lágrimas?

JÚPITER

Shhh! Pare com isso, querida. Assim seus olhos vão arder. Eu voltarei logo.

ALCMENA

"Logo" vai demorar demais.

JÚPITER

Entenda, eu não queria me afastar de você, mas…

ALCMENA

Oh, não suporto isso. Chega no meio da noite, parte ao amanhecer.

JÚPITER

Conforme-se, minha esposa. Este é o momento certo para deixar a cidade, antes que o dia clareie de vez. Pegue esta taça que ganhei por causa da minha coragem na batalha. Era com ela que o rei Ptérela se embebedava, antes de eu o matar com minhas próprias mãos. É sua, Alcmena.

ALCMENA

É bem você fazer uma coisa dessas. Um presente digno daquele que o presenteia.

MERCÚRIO

Ao contrário! Um presente digno daquela a quem foi dado.

JÚPITER

O que está cochichando, seu inútil? Não há como me ver livre de você?

ALCMENA

Por piedade, Anfitrião. Não castigue Sósia. Faria isso por mim?

JÚPITER

Está bem, mas somente por sua causa.

MERCÚRIO

[Para a plateia:]

Vejam como o amor o faz zangar-se.

JÚPITER

Algo mais?

ALCMENA

Somente isso… Ame-me, enquanto estiver ausente, tanto quanto eu o amo neste momento.

MERCÚRIO

Vamos, Anfitrião. O sol já se ergue.

JÚPITER

Vá na frente, Sósia. Eu irei logo em seguida.

[Para Alcmena:]

Mais alguma coisa?

ALCMENA

Sim, volte logo.

JÚPITER

Claro que voltarei, e antes do que você imagina. Sorria, minha amada.

[Para os céus:]

Ó Noite. Você que ficou imóvel sob minha ordem, permito que agora chame o Dia. Que ele traga sua luz mais brilhante para todos os mortais. E já que esta foi a mais comprida das noites, que o dia seja mais curto. Que a Noite ceda imediatamente lugar ao Dia. E lá vou eu, atrás de Mercúrio.

CENA 4

[Anfitrião e Sósia entram com escravos carregando suas bagagens, vindos do porto.]

ANFITRIÃO

Vamos, ande depressa!

SÓSIA

Estou bem atrás do senhor, meu amo.

ANFITRIÃO

Você é um inútil.

SÓSIA

Mas por quê?

ANFITRIÃO

Porque insiste numa história que é totalmente ridícula. Absurda. Impossível. E que jamais poderá ser outra coisa!

SÓSIA

Lá vem o senhor de novo, meu amo. Nunca consegue confiar em seus servos.

ANFITRIÃO

Hein? O que você disse? Juro, seu imbecil, que vou arrancar essa sua língua frouxa.

SÓSIA

É seu direito, já que é meu dono. Pode fazer de mim o que bem entender. Mas o que não conseguirá é me amedrontar o bastante para que eu desdiga uma palavra sequer do que lhe contei.

ANFITRIÃO

Então, escute, seu saco de imundícies! Tem a audácia de alegar que esteve diante desta porta, momentos atrás?

SÓSIA

É a verdade.

ANFITRIÃO

Pois eu enxergo dois castigos para você. O meu, que virá hoje. E o dos deuses, no futuro.

SÓSIA

Já disse que o senhor é meu amo e meu dono.

ANFITRIÃO

Atreve-se a debochar de mim, seu estorvo? Ousa ainda afirmar o que não pode ter acontecido? Algo que homem algum jamais viu? Algo que não pode acontecer? A mesma pessoa estaria em dois lugares ao mesmo tempo?

SÓSIA

Foi o que lhe disse e continuo a dizer.

ANFITRIÃO

Tomara que Júpiter lance seu raio em você!

SÓSIA

Mas o que fiz para merecer isso, meu amo?

ANFITRIÃO

Seu maldito! Ainda pergunta?

SÓSIA

O senhor teria o direito de me ofender à vontade se eu estivesse mentindo. Mas acontece que não estou. Aconteceu exatamente o que eu disse.

ANFITRIÃO

Ah, esse sujeito está bêbado.

SÓSIA

Quisera eu que fosse verdade.

ANFITRIÃO

Por que desejar aquilo que já tem?

SÓSIA

Acontece que eu não bebi coisa alguma.

ANFITRIÃO

Não? Confesse! Onde conseguiu o vinho?

SÓSIA

Nem um gole sequer!

ANFITRIÃO

Ora, que mentiroso ordinário.

SÓSIA

Já lhe disse cem vezes. *Estou em casa*, juro. E também estou — eu, Sósia — bem aqui com o senhor. Ficou surdo, por acaso? Será que falei claro o suficiente desta vez? O senhor me escutou, meu amo?

ANFITRIÃO

Perda de tempo. Saia da minha frente!

SÓSIA

Qual foi o problema?

ANFITRIÃO

Você deve ter contraído uma praga.

SÓSIA

Mas do que está falando? Estou muito saudável, perfeitamente bem.

ANFITRIÃO

Nesse caso, cuidarei para que você receba exatamente o que merece. E ainda hoje mesmo. Então, vai se sentir doente. Mas farei isso quando estiver em segurança, em minha casa. Ora, que conversa mais doida. Não basta ter ignorado as ordens do seu amo, agora pretende rir na minha cara também? O que você alega não pode acontecer. Nunca houve nada semelhante, seu cão sujo! Pode acreditar em mim quando digo que cada uma de suas mentiras será paga com uma cicatriz em suas costas.

SÓSIA

Anfitrião, este é um dia muito triste para um escravo honesto que está dizendo a verdade ao seu mestre. Mas nem sempre a verdade triunfa.

ANFITRIÃO

Maldito seja! Lá começou de novo. Como poderia acontecer de você estar aqui comigo e ao mesmo tempo estar em casa? Responda!

SÓSIA

Juro que estou aqui e lá. Não me importa o quanto pareça estranho. De fato, parece mais estranho para mim do que para o senhor.

ANFITRIÃO

Como assim?

SÓSIA

Repito: é mais estranho para mim do que para o senhor. E que os deuses sejam minhas testemunhas. No início, nem eu próprio, Sósia, acreditei. Mas, afinal, eu, Sósia, fiz eu também, Sósia, acreditar. Ele conhecia todos os detalhes do que havia acontecido na guerra. E, mais grave do que tudo, roubou meu rosto, assim como meu nome. Nada pode ser mais parecido com nada do que ele comigo. Ora, quando o senhor me mandou para casa, mais cedo, vindo do porto...

ANFITRIÃO

O que houve, então?

SÓSIA

Ora, eu estava diante da porta de casa antes mesmo de ter chegado lá.

ANFITRIÃO

Mil vezes maldito! Isso não tem sentido nenhum!

SÓSIA

Tem toda razão.

ANFITRIÃO

Algum ser maligno encantou esse pobre escravo depois que ele me deixou no porto.

SÓSIA

Sim, e foram os punhos dele que fizeram a mágica.

ANFITRIÃO

Ora, o que está dizendo? Alguém lhe deu uma surra?

SÓSIA

Isso mesmo. A pessoa que está diante da porta de sua casa, neste momento.

ANFITRIÃO

Muito bem, então. Responda somente às minhas perguntas, e não diga mais nada. Para começar, quem é esse Sósia?

SÓSIA

Seu escravo.

ANFITRIÃO

Para mim chega ter um de você. E em toda a minha vida jamais tive outro escravo chamado Sósia.

SÓSIA

Mas estou lhe dizendo, Anfitrião! Quando chegar em casa, garanto que vai encontrar um outro escravo chamado Sósia. Filho de Davus, como eu, o mesmo rosto e a mesma idade. O que mais posso dizer? Deve ser um gêmeo do seu Sósia.

ANFITRIÃO

Espantoso. Mas pelo menos viu a minha esposa?

SÓSIA

Não tive chance de fazer isso. Meu outro eu não me deixou entrar na casa.

ANFITRIÃO

E como fez isso?

SÓSIA

Ele me deu uma surra. Já lhe contei isso.

ANFITRIÃO
De qual Sósia está falando?

SÓSIA
De mim! Juro pelos deuses. Quantas vezes vou ter de repetir isso ao senhor?

ANFITRIÃO
Mas o que está dizendo? Você estava adormecido, foi isso?

SÓSIA
NÃO!

ANFITRIÃO
Talvez tenha visto esse outro Sósia num sonho...?

SÓSIA
Não tenho por hábito cumprir dormindo as ordens do meu amo. Estava bem acordado, assim como ele, quando me cobriu de pancadas, momentos atrás.

ANFITRIÃO
Ele quem?

SÓSIA
Sósia, o outro *eu*. Por favor, me diga que já entendeu tudo, finalmente.

ANFITRIÃO
Por Hades! Como poderia entender uma loucura dessa?

SÓSIA
Mas saberá do que estou falando quando encontrarmos o outro Sósia.

ANFITRIÃO

Pois então me acompanhe! Vou descobrir exatamente o que está acontecendo.

[Para a plateia:]

E possam os deuses desfazer tudo o que você disse que fora feito.

CENA 5

[Alcmena sai da casa. Anfitrião e Sósia permanecem no palco, ainda no meio do caminho. Ela não os vê.]

ALCMENA

Como são breves as alegrias desta vida! Se comparadas, então, com as nossas tristezas... É o que está reservado aos mortais. Os deuses determinam que o prazer caminhe junto com a dor. Ora, e sempre que algo de bom nos acontece, uma avalanche de infortúnios se segue. E isso sei por experiência própria. Os deuses me concederam somente um prazer passageiro: a oportunidade de ver meu marido amado, e por uma única noite apenas. Assim, ele se foi, bruscamente, antes mesmo do alvorecer. E me sinto tão solitária quando aquele a quem amo se ausenta! Maior foi o sofrimento com sua partida do que a alegria com sua chegada.

Apenas uma coisa ainda me alegra: ele derrotou os exércitos inimigos e retornou ao lar coberto de glórias. Esse é todo o meu conforto. Se, para cumprir suas obrigações, ele me deixar, que sempre volte para casa como um herói. Eu suportarei tudo, sim, tudo. Meu coração se fará de ferro toda vez que ele tornar a partir, se tiver pelo menos a recompensa de escutar os gritos que saúdam sua bravura.

É o que me basta.

O reconhecimento de seus feitos é a maior recompensa. É o que sobrevive neste mundo. Em razão disso é que se preservam a saúde, a liberdade, aqueles a quem amamos, a vida, nossa cidade e nosso lar. Nada disso estaria a salvo e intacto sem o reconhecimento da bravura de nossos homens. A eles cabe a defesa do que temos de mais precioso.

ANFITRIÃO

Tenho certeza de que minha esposa ficará felicíssima ao me ver. Nosso amor é verdadeiro. Especialmente agora que vencemos a guerra e um inimigo que era tido como invencível. E nós o derrotamos na primeira batalha, graças a minhas habilidades como comandante. Sim, tenho certeza de que Alcmena está morrendo de vontade de me ver.

SÓSIA

E quanto a mim? Também há uma mulher aguardando ansiosa por minha chegada.

ALCMENA

[Vendo Anfitrião e Sósia chegarem.]

Meu marido! Mas que surpresa!

ANFITRIÃO

[Para Sósia:]

Vamos, depressa!

ALCMENA

Mas por que já está de volta? Momentos atrás, tinha de partir às pressas. Deve estar fazendo algum teste comigo. Só pode ser para ver se sinto sua falta. Seja como for, não estou triste em revê-lo.

SÓSIA

Epa! É melhor retornarmos para o navio.

ANFITRIÃO

Por quê?

SÓSIA

Porque não haverá ninguém aqui para nos servir o almoço.

ANFITRIÃO

Por que diz isso?

SÓSIA

Porque é tarde demais.

ANFITRIÃO

Como assim?

SÓSIA

Alcmena está parada diante da porta e parece que já encheu a barriga.

ANFITRIÃO

Ela estava grávida quando parti.

SÓSIA

Maldição!

ANFITRIÃO

Qual é o problema com você?

SÓSIA

Se minhas contas estão certas, estamos no nono mês. Volto aqui, então, bem a tempo de lançar fora a água usada.

ANFITRIÃO

Controle-se!

SÓSIA

Como poderia? Caso eu ponha a mão nesse balde, não confie mais em mim se eu o largar antes de jogar fora tudo o que contiver.

ANFITRIÃO

Já disse: venha logo! Não se preocupe que darei a outro essa tarefa.

ALCMENA

Creio que ele espera que eu vá ao seu encontro e lhe dê as boas-vindas.

ANFITRIÃO

Anfitrião saúda com alegria sua amada esposa, que ele considera a mais linda de todas as mulheres, e cujas virtudes todos os meus compatriotas tebanos louvam sem cessar. Está bem, Alcmena? Feliz em me rever?

SÓSIA

Duvido! É uma recepção tão calorosa quanto a que receberia um cachorro fugido.

ANFITRIÃO

E aí está você, grávida, tão linda e roliça. É uma alegria vê-la.

ALCMENA

Por que debocha de mim com essas palavras? Não acabou de se despedir de mim momentos atrás? Até parece que ainda não havia retornado da guerra. Ora, falando comigo como se fizesse tempos que não me visse.

ANFITRIÃO

Ora, mas é isso mesmo. Faz muito tempo que nos separamos.

ALCMENA

Como pode dizer isso?

ANFITRIÃO

Porque é costume meu dizer a verdade!

ALCMENA

Um bom costume e que deveria ser mantido, então. Ou está me testando? Quer saber a verdade sobre meus sentimentos? Mas por que está de volta tão cedo? Alguma profecia funesta o fez regressar? Ou o mau tempo? O que o impediu de se reunir à sua tropa, como acabou de dizer que precisava fazer?

ANFITRIÃO

Eu acabei de dizer... o quê? Quando foi isso?

ALCMENA

Sim, você está me testando. Ora, foi ainda agora. Faz bem pouco tempo.

ANFITRIÃO

O que você diz é impossível!

ALCMENA

Ah, e o que acha que estou fazendo? Debochando de você? Por que está fingindo que acaba de chegar?

ANFITRIÃO

Mas que conversa maluca!

SÓSIA

Devíamos aguardar um pouco, e, quem sabe, ela despertará desse sonho?

ANFITRIÃO

Como? Ela virou sonâmbula, então?

ALCMENA

É evidente que estou acordada e o que estou lhe dizendo que aconteceu não foi um sonho. Despedi-me de vocês dois faz um momento apenas.

ANFITRIÃO

Onde?

ALCMENA

Bem aqui, na porta de nossa casa.

ANFITRIÃO

Isso jamais aconteceu.

SÓSIA

Um instante, por favor. E se o navio nos trouxe do porto até aqui enquanto dormíamos?

ANFITRIÃO

Você está passando para o lado dela, infeliz?

SÓSIA

E o que esperava, meu amo? Creio que sabe que se irritamos uma Mênade[23] ela se torna duas vezes mais louca e duplica sua fúria contra nós. Vamos deixá-la de bom humor e pode ser que escapemos dela com nada mais do que uma única chicotada.

ANFITRIÃO

Ela é que está me deixando maluco por me receber dessa maneira depois de uma separação tão longa.

SÓSIA

Meu amo, não se atiça uma fera em sua toca!

ANFITRIÃO

Alcmena! Tenho uma pergunta a fazer.

ALCMENA

Estou escutando.

ANFITRIÃO

Como se explica esse seu comportamento? Loucura ou arrogância?

ALCMENA

Marido amado! O que o leva a fazer uma pergunta tão estapafúrdia?

---

23 Em grego, *mainomai* (enfurecida). Ninfa seguidora do deus Dioniso, ou mulher que acompanha em êxtase as festas em homenagem a ele. Somente mulheres são permitidas nessa festa.

ANFITRIÃO

Porque até hoje você sempre me recebeu com amor no meu regresso para casa, como toda esposa virtuosa deve fazer. Mas vejo aqui tudo diferente. Você está mudada!

ALCMENA

Que os deuses me protejam! Eu o recebi com todo o meu afeto quando você chegou, ontem à noite. Perguntei como você estava, peguei sua mão e a beijei!

SÓSIA

Minha ama lhe deu essa acolhida ontem à noite?

ALCMENA

Sim, dei, e também recebi bem a você, Sósia.

SÓSIA

Anfitrião, espero que ela lhe dê um filho, mas não é um garoto que Alcmena traz dentro dela.

ANFITRIÃO

E o que é?

SÓSIA

Insanidade!

ALCMENA

Estou em meu perfeito juízo e, se os deuses me favorecerem, terei um filho saudável. E você, Sósia, será castigado pelo que disse. Eu o amaldiçoo por isso.

SÓSIA

[Para a plateia:]

Palavras de mulher grávida! Elas estão sempre engolindo ou vomitando alguma coisa. Ou mordendo algo ou levando mordidas.

ANFITRIÃO

Você me viu ontem?

ALCMENA

Sim! É a décima vez que repito isso.

ANFITRIÃO

Talvez tenha sonhado.

ALCMENA

Fiquei a noite inteira acordada. E você também.

ANFITRIÃO

[Aflito.]

Não! Não!

SÓSIA

O que houve?

ANFITRIÃO

Minha mulher enlouqueceu.

SÓSIA

Provavelmente teve um transbordamento de bile negra. Não há mais nada que enlouqueça alguém tão subitamente.

ANFITRIÃO

Esposa! Quando começou a sentir essas coisas?

ALCMENA

Juro que estou perfeitamente sã.

ANFITRIÃO

Então, por que alega ter me visto ontem, quando somente aportamos ontem à noite? Jantei em meu barco e dormi até depois do amanhecer.

E não ponho os pés dentro da minha casa desde que fui para a guerra contra os tafoseanos.

ALCMENA

De modo algum! Você jantou aqui e depois fomos para a cama.

ANFITRIÃO

Hein? O que você disse?

ALCMENA

A verdade!

ANFITRIÃO

O que disse por último, não. Isso eu juro. Sobre o resto, não garanto.

ALCMENA

E você retornou para o seu exército ainda antes do alvorecer.

ANFITRIÃO

Nada disso aconteceu.

SÓSIA

Mas é essa a lembrança dela… Foi o que sonhou, é claro. Minha ama, por favor, depois de acordar, esta manhã, deveria ter oferecido um bolo salgado a Júpiter dos Prodígios para afugentar os restos de pesadelos da sua mente. E deveria também dirigir-lhe preces e queimar incenso no seu altar.

ALCMENA

Atrevido!

SÓSIA

Igualmente… Quero dizer, sim, minha ama.

ALCMENA

É a segunda vez que ele me ofende, e você, meu marido, permite que ele o faça?

ANFITRIÃO

Quietos, os dois. Mas, antes, me diga: eu a deixei hoje, antes do alvorecer?

ALCMENA

De que outro modo eu poderia saber notícias sobre a guerra, se não fosse de você?

ANFITRIÃO

Então, você já sabe de tudo, não é?

ALCMENA

Sei, e foi você, pessoalmente, que contou que invadiu a cidade e matou, com suas próprias mãos, o rei Ptérela.

ANFITRIÃO

Fui eu quem lhe contou isso?

ALCMENA

Sim, foi, e Sósia escutou tudo, parado exatamente onde está agora.

ANFITRIÃO

[Para Sósia:]

Você viu isso acontecer?

SÓSIA

Mas como poderia?

ANFITRIÃO

Pergunte a ela.

SÓSIA

Pelo que sei, não assisti a nada disso.

ALCMENA

Ah, que surpresa! O escravo confirma as palavras do amo!

ANFITRIÃO

Sósia, olhe para mim.

SÓSIA

Sim, amo.

ANFITRIÃO

Agora, diga a verdade e não se preocupe em me agradar. Você me escutou dizer, hoje, alguma coisa disso tudo que ela está dizendo que eu disse?

SÓSIA

Claro que não. Ficou louco também? Como pode me perguntar uma coisa dessa, se a estou revendo pela primeira vez desde que voltamos, assim como você?

ANFITRIÃO

E agora, esposa? Você o escutou?

ALCMENA

Claro que sim, e ele está mentindo.

ANFITRIÃO

Mas você não acredita nele nem em mim, seu marido.

ALCMENA

Não. Somente acredito em mim mesma. Tudo o que eu disse aconteceu.

ANFITRIÃO

Insiste que eu estive aqui ontem.

ALCMENA

E você insiste que não deixou esta casa hoje, pela manhã.

ANFITRIÃO

Sem a menor hesitação. Acabo de chegar aqui, vindo da guerra.

ALCMENA

Vai negar também que me deu uma taça de ouro? Um tesouro que ganhou como recompensa pela sua vitória?

ANFITRIÃO

Não fiz isso! Não, mesmo! Mas pretendia dá-la a você, e ainda tenho essa intenção. Como sabe dessa taça?

ALCMENA

Ora, você a deu de presente para mim. Pessoalmente.

ANFITRIÃO

Espere aí! Sósia, o que está acontecendo? Estou zonzo. Como ela poderia saber que eu lhe daria a taça de ouro? A não ser que você tivesse vindo aqui, mais cedo, para lhe contar!

SÓSIA

Piedade para as minhas costas! Não fiz nada disso.

ANFITRIÃO

Mas que pessoa é essa, capaz de...

ALCMENA

Quer ver a taça?

ANFITRIÃO

Mas é claro que quero.

ALCMENA

Muito bem. Tessala! Traga aqui a taça que meu marido me deu esta manhã.

ANFITRIÃO

Sósia, venha aqui. De tudo o que aconteceu, essa vai ser a coisa mais espantosa. *Se* Alcmena me trouxer a taça.

SÓSIA

Como ela o faria? Está bem aqui, no seu baú, selado com seu próprio selo.

ANFITRIÃO

Ainda está selado?

SÓSIA

Veja o senhor mesmo.

ANFITRIÃO

Tem razão. O selo está intacto.

SÓSIA

Como ainda o senhor pode esperar que seja diferente?

ANFITRIÃO

E se... ela estiver possuída por demônios?

ALCMENA

Arrá! Aqui está a taça.

ANFITRIÃO

Dê para mim!

ALCMENA

Pode olhar à vontade. Ainda nega seus atos? Tenho a prova bem aqui. Esta taça não é a mesma que você ganhou na guerra, esposo meu?

ANFITRIÃO

Poderoso Júpiter. Não posso crer nos meus olhos. É ela mesmo, Sósia, não entendo...

SÓSIA

Ou essa minha ama é a maior bruxa do mundo, ou a taça verdadeira tem de estar dentro do baú.

ANFITRIÃO

Vamos logo, Sósia. Abra o baú!

SÓSIA

Para que tanto trabalho? O selo está intacto. Tudo tem de estar como deixamos. O senhor, meu amo, deu cria a um novo Anfitrião, e eu, a um novo Sósia. Assim, a taça fez o mesmo, e agora todos nós vivemos com nosso duplo no mundo.

ANFITRIÃO

Ordeno que abra o baú!

SÓSIA

Então, por favor, antes verifique o selo. Assim, não irá me culpar de mais nada depois.

ANFITRIÃO

Abra-o logo! Caso contrário, essa loucura de minha mulher vai nos deixar loucos também.

ALCMENA

E como eu poderia ter conseguido esta taça, senão de você?

ANFITRIÃO

Isso é o que pretendo descobrir.

SÓSIA

Poderoso Júpiter!

ANFITRIÃO

O que foi?

SÓSIA

Não há taça nenhuma aqui dentro.

ANFITRIÃO

Não acredito no que ouço!

SÓSIA

Mas é verdade.

ANFITRIÃO

Vou mandar que o cortem em pedaços, escravo imundo, se a taça não estiver aí.

ALCMENA

Acontece que a tenho bem aqui.

ANFITRIÃO

E quem a deu a você?

ALCMENA

Este mesmo que me pergunta.

SÓSIA

Meu amo, está querendo me pegar numa armadilha? O senhor deve ter seguido um atalho do navio até aqui, trouxe a taça, deu-a à minha ama e depois colocou um novo selo no baú.

ANFITRIÃO

O quê? Você também? Não vê que assim alimenta a loucura dela?

[Para Alcmena:]

Você continua a afirmar que nós dois chegamos aqui na noite passada?

ALCMENA

Isso mesmo, e logo que você chegou, eu lhe dei um beijo de boas-vindas.

SÓSIA

Essa história de beijo ainda vai acabar mal.

ANFITRIÃO

Continue.

ALCMENA

Você tomou um banho.

ANFITRIÃO

E depois?

ALCMENA

Jantou.

SÓSIA

Que maravilha! Podemos parar por aqui.

ANFITRIÃO

Pare você de interrompê-la. Continue, Alcmena.

ALCMENA

Comemos juntos, sentados um ao lado do outro.

ANFITRIÃO

No mesmo sofá?

ALCMENA

Certamente.

SÓSIA

Insisto que esse jantar não vai ser bem digerido.

ANFITRIÃO

Deixe que ela conte sua história. E depois do jantar?

ALCMENA

Você disse que estava com sono. Tiraram a mesa e fomos para a cama juntos.

ANFITRIÃO

Onde você dormiu?

ALCMENA

No seu quarto, na mesma cama que você.

ANFITRIÃO

Oh, não! Ela me matou!

SÓSIA

Amo, o que houve?

ANFITRIÃO

Minha esposa acaba de me assassinar.

ALCMENA

Como assim, meu amado?

ANFITRIÃO

Não fale comigo.

SÓSIA

O que houve?

ANFITRIÃO

Estou destruído! Enquanto eu lutava na guerra, ela cometeu adultério.

ALCMENA

Por piedade! Não acredito que meu marido me acusou de uma coisa dessa.

ANFITRIÃO

Seu marido? Você me desonra e continua me chamando assim?

SÓSIA

[Para a plateia:]

Ele não é mais seu homem. Terá, então, se tornado uma mulher? Tudo está confuso.

ALCMENA

Mas o que eu fiz para merecer ser tratada assim?

ANFITRIÃO

Ainda pergunta, depois de confessar a todos o seu crime?

ALCMENA

Mas como poderia ser um crime deitar-me com o meu marido?

ANFITRIÃO

Ah, foi comigo que você se deitou? Como pode ser tão fingida e indecente? Nenhum sinal de remorso nem de vergonha.

ALCMENA

Sua acusação ofende a mim e a toda a minha família. Você jamais poderá prová-la.

ANFITRIÃO

Pelos deuses imortais, Sósia. Você, ao menos você, me conhece, não é?

SÓSIA

Tenho certeza de que conheço.

ANFITRIÃO

E não jantei ontem no navio?

ALCMENA

Tenho testemunhas para atestarem o que disse.

SÓSIA

Não posso explicar nada disso, a não ser, quem sabe, que haja um outro Anfitrião ocupando seu lugar na sua ausência e cumprindo suas obrigações matrimoniais. Um outro Sósia já era o bastante para me deixar em choque, mas esse outro Anfitrião é bem mais espantoso.

ANFITRIÃO

Só posso entender que um ilusionista tenha enganado essa mulher.

ALCMENA

Juro pelo poderoso Júpiter e por sua esposa, Juno, os deuses que mais reverencio e temo. O único mortal a tocar em meu corpo foi você e, portanto, não cometi adultério.

ANFITRIÃO

Quisera eu que fosse verdade.

ALCMENA

Mas é. Só que, ora... para que me importar? Você não acredita em mim.

ANFITRIÃO

A palavra de uma mulher não detém sequer a água.

ALCMENA

A não ser quando a mulher fala a verdade. Tenho o direito de contar minha história e de me defender.

ANFITRIÃO

Você já disse mais que o bastante.

ALCMENA

Como toda mulher inocente deveria fazer.

ANFITRIÃO

Inocente somente em suas próprias palavras.

ALCMENA

Meu dote não foi entregue a você em dinheiro, meu marido. Não meu dote verdadeiro, que foi minha castidade, minha pureza, meu recato, além do temor aos deuses, o amor aos meus pais, à harmonia do lar. Tenho sido uma boa esposa, atendendo a todas as suas necessidades. Meus atos são bons.

SÓSIA

[Para a plateia:]

Se o que ela diz é verdade, Alcmena é a melhor de todas as mulheres.

ANFITRIÃO

Estou tão abalado que já não sei mais quem sou.

SÓSIA

Você é Anfitrião, disso não há dúvida. Não se perca ainda, porque são outros os que estão agindo estranhamente por aqui.

ANFITRIÃO

Mulheres, saibam! Eu prosseguirei com essa investigação.

ALCMENA

Sim, insisto que faça isso!

ANFITRIÃO

De fato? Então, que tal se trouxermos, do navio, para cá, seu tio Naucrates? Ele foi à guerra comigo. Se ele negar suas palavras, mulher, o que deverei fazer com você? Há alguma razão que você queira apresentar para que não me divorcie de você?

ALCMENA

Não, se fiz algo errado.

ANFITRIÃO

[Saindo.]

De acordo. Sósia, leve os escravos e a bagagem para dentro. Vou ao navio buscar Naucrates.

SÓSIA

Agora que estamos a sós, com toda a franqueza, me diga a verdade. Há um segundo Sósia por aí, igual a mim?

ALCMENA

Afaste-se de mim! Você é tão ruim quanto seu dono.

SÓSIA

Vou embora daqui. Já entendi que o deseja que eu faça.

ALCMENA

É totalmente bizarra a maneira como meu marido parece apreciar as falsas acusações contra mim. Talvez meu tio Naucrates possa me dizer o que está acontecendo.

CENA 6

[Júpiter sai da casa e se dirige à plateia:]

JÚPITER

Sou o Anfitrião com o escravo Sósia que, quando convém, se transforma em Mercúrio. Sou aquele que vive nas alturas e assume sua forma de Júpiter quando bem entende. Mas, logo que aqui cheguei, me transformei num outro Anfitrião. Só estou ainda aqui por causa de vocês, para que esta comédia encontre um desfecho. Também estou aqui por causa de Alcmena. Pobre mulher, equivocadamente acusada de adultério por Anfitrião. Uma criatura tão virtuosa não mereceria levar a culpa pela minhas estrepolias. Vou agora incorporar Anfitrião, como fiz até hoje cedo, e jogar a casa toda em total confusão. Mais adiante, tudo será esclarecido e vou ajudar Alcmena quando ela estiver dando à luz, de modo que terá os dois meninos sem nenhuma dor. Um deles será meu filho. O outro, filho de seu marido. Mercúrio estará ao meu lado, caso precise dele para alguma coisa. Chegou a hora de falar com Alcmena.

CENA 7

[Alcmena sai da casa, a princípio sem reparar em Júpiter.]

ALCMENA

Não permanecerei nesta casa. Que ousadia do meu marido me acusar de adultério e de atos vergonhosos. Como pode falar de coisas que jamais aconteceram? Calúnias, tudo o que me disse. Jamais faria algo como aquilo do que me acusa. Jamais! Não vou engolir esses insultos. Ou ele se desculpa comigo ou vou deixá-lo. Também terá de jurar para mim que não falou a sério e que não acredita em nada do que me disse.

JÚPITER

[Para a plateia:]

Precisarei fazer as coisas como ela quer, se quiser que ela ceda a meus caprichos novamente. Anfitrião está atordoado por minha culpa. Minha inocente aventura representou um padecimento para ele. Mas não tenho culpa de nada do que ele disse, embora tenha agora de consertar também essa situação.

ALCMENA

Ah! Aqui está o homem que me acusa de adultério e de cometer atos indecentes!

JÚPITER

Quero conversar com você, mulher. Por que me vira o rosto?

ALCMENA

É o meu jeito de ser. Não suporto olhar para meus inimigos.

JÚPITER

Inimigos? Ora!

ALCMENA

Inimigo, sim! Nada menos! Ou isso é mais uma mentira minha?

JÚPITER

[Apalpando Alcmena.]

Mas por que tanta raiva de mim?

ALCMENA

Tire as mãos de cima de mim! Se tivesse um pingo de sensibilidade, saberia que nunca mais deveria dirigir a palavra a uma mulher que acusou de adultério. Você se portou como um idiota completo!

JÚPITER

Se fiz isso, não significa que foi de coração. Vim aqui me desculpar. Nunca sofri tanto quanto hoje pelo desgosto que lhe causei. Você deve, então, estar se perguntando por que disse aquelas coisas. Vou explicar. Mas tenha certeza de que não acredito que você seja infiel. Foi tudo para testar seus sentimentos, para ver como você reagia e o que faria. O que eu disse há pouco foi apenas uma invenção minha, uma brincadeira. Se duvidar, pergunte ao Sósia.

ALCMENA

Então por que está indo buscar meu tio Naucrates? Não era para ele vir diante de mim jurar que você não tinha estado comigo desde ontem?

JÚPITER

Mais uma brincadeira! Não faz sentido você levar nada disso a sério.

ALCMENA

Tudo o que sei é que sua brincadeira partiu meu coração.

JÚPITER

Por favor, Alcmena, por tudo o que você preza, me perdoe. Esqueça tudo isso, inclusive sua raiva.

ALCMENA

Minha honra rejeita ser desrespeitada, como fui por você. Minha vida é honesta e sempre quis estar livre de qualquer acusação de infidelidade. Adeus! Fique com o que é seu e eu levarei o que é meu. Posso lhe pedir que chame minhas servas depois?

JÚPITER

Ficou doida?

ALCMENA

Se não as chamar, eu vou sozinha, com minha inocência como única companhia.

JÚPITER

Espere! Faço qualquer juramento que você quiser, garantindo que acredito que você é minha esposa fiel. Se meu juramento for falso, clamo a Júpiter, o Poderoso, para que lance seus raios mais furiosos sobre Anfitrião.

ALCMENA

Não, não, que bênçãos eternas desçam sobre sua cabeça.

JÚPITER

Estou certo de que isso acontecerá, já que o juramento que lhe faço é sincero. Sua raiva contra mim já passou, não foi?

ALCMENA

Passou.

JÚPITER

Muito bom. Nossa vida às vezes tem dessas coisas: o prazer desdobra-se em dor. A raiva é algo que dá e passa e a harmonia logo se restabelece.

Mas depois que a raiva chamusca um casal e a paz então é restaurada, o amor que se segue é dobrado.

ALCMENA

Você não deveria ter dito o que disse. Mas, uma vez que pede perdão por tudo, está esquecido.

JÚPITER

Que os vasos sagrados sejam preparados para meu uso. Quando estive fora, na guerra, jurei que, se retornasse a salvo para casa, pagaria aos deuses pelo meu êxito.

ALCMENA

Vou providenciar tudo.

JÚPITER

[Para escravos no interior da casa:]

E digam a Sósia que venha aqui fora. Quero que ele vá ver Blefaro, o capitão do meu navio, a fim de convidá-lo para almoçar conosco hoje.

[Para a plateia:]

Sósia é que vai ficar sem seu almoço, mas assim me divirto um pouco mais com ele e, além disso, vai ficar apalermado quando vir o que farei com Anfitrião.

ALCMENA

Que estranho. Meu marido fala consigo mesmo, ali, afastado. Ah, aí está Sósia.

CENA 8

[Sósia — o verdadeiro — vai ao encontro de Júpiter, que finge ser Anfitrião. Alcmena permanece no palco.]

SÓSIA
Aqui estou para servi-lo, Anfitrião.

JÚPITER
Ah, meu bom Sósia. Bem a tempo.

SÓSIA
Pelo que vejo, vocês dois fizeram as pazes. Fico feliz com isso. É sempre uma alegria, para um escravo que só deseja agir direito, fazer o que seu mestre faz, e ter no rosto o mesmo que exibem seus amos, estando triste quando eles estão tristes e feliz quando se alegram. Mas, me digam, então vocês se reconciliaram? Acertaram tudo?

JÚPITER
Chega de ironias. Sabe bem que tudo o que foi dito aqui não passou de uma brincadeira.

SÓSIA
Meu amo! O senhor estava brincando? Pois eu achei que tudo fosse a sério.

JÚPITER
Já esclareci tudo. Fizemos as pazes.

SÓSIA
Maravilhoso.

JÚPITER

Tenho uma obrigação sagrada a cumprir agora.

SÓSIA

Perfeitamente.

JÚPITER

Traga Blefaro do porto. Vamos almoçar juntos depois do sacrifício.

SÓSIA

Estarei de volta antes que perceba que me fui.

JÚPITER

Assim espero!

ALCMENA

Mais alguma coisa, ou já posso entrar e tomar as providências para o sacrifício?

JÚPITER

Entre e deixe tudo preparado o quanto antes.

ALCMENA

Entre quando quiser. Não haverá demoras.

JÚPITER

Belas palavras. Exatamente as que devem ser pronunciadas por uma esposa virtuosa.

[Sai Alcmena.]

E, assim, ambos foram enganados, escravo e ama. Pensam que sou Anfitrião. Que divertido erro! E agora você, Sósia imortal, apareça diante de mim imediatamente (sei que pode me escutar onde quer que esteja)! Desvie Anfitrião do seu caminho assim que ele chegar. E pode usar qualquer dos seus truques para fazer isso. Quero que ele seja enganado enquanto me entretenho com minha deliciosa esposa por empréstimo. Vá, arranje tudo conforme meu desejo. Faça isso enquanto realizo um sacrifício a mim mesmo.

CENA 9

MERCÚRIO

[Mercúrio entra, atravessando a plateia, enquanto fala para o público:]

Saiam da frente, abram caminho, cheguem para lá. Quem não me der passagem estará arriscando o pescoço. Um deus tem o mesmo direito de ameaçar pessoas que atravancam seus passos quanto um reles escravo numa comédia! *Ele* entra pela plateia para anunciar tanto a chegada a salvo de um navio quanto de um velho, prestes a voltar ao lar. *Eu* obedeço a Júpiter, é ele quem me faz estar aqui neste instante. Meu pai chama e eu apareço, obedecendo às suas ordens. No instante em que ele me convoca, como bom filho eu corro para atendê-lo. Quando ele se apaixona, minha tarefa é simples: vigio, guardo, compartilho de seu triunfo. Quando os caprichos do meu pai se manifestam, eu devo me apressar. É o que está acontecendo aqui e agora, nessa sua divertida conquista. Ele é esperto, não comete erros quando se deixa levar por sua paixão. Age como todo homem deve agir — bem, os demais, com alguma moderação. Agora, meu pai quer que Anfitrião lhe sirva de diversão, uma *performance* que esta plateia apreciará. Usarei esta guirlanda na cabeça e fingirei que estou embriagado. Irei até ali em cima, de onde será mais fácil desviá-lo do seu caminho. Cuidarei para que ele fique zonzo, ainda que chegue sóbrio. E seu escravo Sósia levará a culpa por meus atos. E daí? Minha tarefa é ajudar meu pai nas suas aventuras. Ah, lá vem Anfitrião. Logo vocês estarão rindo dele. Vou mudar de roupa para que ele me veja como um bêbado. Depois, subo ao telhado e me ponho a torturá-lo.

CENA 10

[Anfitrião chega da praça central de Tebas, depois de muito procurar, em vão, por Naucrates.]

ANFITRIÃO

Nem sinal de Naucrates no navio. Ele tampouco estava em sua casa, nem na praça, e não foi visto por ninguém. Percorri todas as ruas, todos os ginásios, as perfumarias, o mercado, a escola de luta livre, o fórum e depois os consultórios dos médicos, as barbearias e todos os templos. O homem sumiu, não está em lugar algum e estou exausto de tanto procurá-lo. Vou entrar e fazer mais perguntas à minha esposa. Tenho de saber quem é esse que usufruiu do que é meu. Prefiro morrer a deixar a investigação incompleta. Mas esperem! As portas estão fechadas. Ora, isso combina bem com o que anda acontecendo por aqui. Vou bater à porta.

Ei, aí dentro! Abram! Deixem-me entrar!

CENA 11

MERCÚRIO

Quem está aí?

ANFITRIÃO

Sou eu.

MERCÚRIO

Eu quem?

ANFITRIÃO

Eu, já disse.

MERCÚRIO

Está tentando arrombar a porta? Tomara que Júpiter e todos os demais deuses lancem você no reino de Hades!

ANFITRIÃO

Como?

MERCÚRIO

Vou dizer de outro modo: espero que o restante de sua vida seja passado no reino subterrâneo!

ANFITRIÃO

Essa voz… Sósia!

MERCÚRIO

Sim, esse é o meu nome. Mas não o use sem um bom motivo. Então, o que deseja aqui?

ANFITRIÃO

Verme! Como ousa me perguntar isso?

MERCÚRIO

Pergunto, claro. Você quase arrancou a porta dos gonzos, idiota. Acha que o Estado é que nos dá portas em Tebas? Por que está me olhando assim, seu estúpido? O que quer aqui? Aliás, quem é você?

ANFITRIÃO

Tem a audácia de me tratar assim, seu lixo? Saco de porcarias! Suas costas serão lanhadas como nunca ainda hoje.

MERCÚRIO

Uau! Você deve ter sido um grande gastador quando jovem.

ANFITRIÃO

Ora... Por quê?

MERCÚRIO

Bem, aí está você, mendigando de porta em porta, agora que chegou à velhice.

ANFITRIÃO

Velho, eu? Vai viver somente o bastante para se arrepender de cada uma dessas palavras, escravo inútil.

MERCÚRIO

Pretendo lhe dar um presente raro, sabia?

ANFITRIÃO

O quê?

MERCÚRIO

Tome lá!

[Atira uma telha em Anfitrião. E mais outra.][24]

ANFITRIÃO

Miserável! Como se atreve a agredir seu amo? Vou arrancar sua pele!

MERCÚRIO

Que grande piada! O velho mendigo acha agora que é meu dono.

ANFITRIÃO

E eu sou!

MERCÚRIO

Para o Hades, já disse. Meu amo é o nobre Anfitrião. Um vitorioso comandante de exércitos, não você.

ANFITRIÃO

Sósia! Ficou maluco? Eu sou Anfitrião.

MERCÚRIO

Ora, está cada vez mais engraçado. Meu amo Anfitrião está dentro de casa neste momento.

ANFITRIÃO

Como?

MERCÚRIO

Ou melhor, no seu quarto, e acompanhado de sua esposa, Alcmena.

ANFITRIÃO

No meu quarto? Com minha esposa?

---

24 Um trecho da peça, a partir daqui, ficou perdido e foi reconstituído nesta adaptação a partir de fragmentos. O texto original é retomado na Cena 14.

MERCÚRIO

Velho maluco. Você não tem nada de seu nesta casa! Tome! E tome outra!

ANFITRIÃO

Não sou velho! E pare de me atirar telhas!

MERCÚRIO

Somente quando você for embora, *velho*. Tome outra! Não vou permitir que um mendigo sujo atrapalhe a vida dos meus amos agora que se reconciliaram.

ANFITRIÃO

Ordeno que desça do telhado e me explique direito o que está falando. Como assim? Eu teria perdoado Alcmena?

MERCÚRIO

Perdoado quem jamais cometeu falta alguma? Não, meu amo confessou à esposa que tudo não passou de uma brincadeira para testá-la. Os dois estão lá dentro agora, comemorando.

[Entram Blefaro e Sósia. Anfitrião ainda não os vê.]

MERCÚRIO

Ah, aí chegam Blefaro e Sósia. Hora de ficar invisível de novo se quiser me divertir com isso...

[Mercúrio sai de vista.]

BLEFARO

Salve, Anfitrião!

SÓSIA

Trouxe quem me pediu, meu amo!

ANFITRIÃO

[Desembainhando a espada para Sósia.]

Você! Hoje verá a noite eterna, seu patife!

SÓSIA

Meu amo, por piedade!

BLEFARO

Meu comandante, contenha-se. Por que quer matar seu fiel escravo?

ANFITRIÃO

[Tentando atingir Sósia com a espada.]

Fiel escravo? Esse patife?

[De repente, volta-se para Blefaro.]

Um instante! O que você está fazendo aqui? Devia estar tomando conta do meu navio enquanto estou ausente.

BLEFARO

Vim atender ao seu chamado, meu comandante. Sósia foi me buscar no porto.

ANFITRIÃO

[De novo investe contra Sósia. Alcmena sai da casa e se espanta com a cena.]

Sósia! Sempre esse maldito. Que invenção é essa agora? Eu jamais mandei você ir ao porto, muito menos trazer aqui o capitão do meu navio. Como se atreve a deixar a embarcação sem comando, seu verme? Eu o matarei também por isso.

SÓSIA

[Corre na direção de Alcmena e se atira aos pés dela.]

Minha senhora, por piedade, me proteja!

ALCMENA

Anfitrião! Ficou doido? Eu escutei você dar ordens a Sósia de trazer Blefaro até aqui.

ANFITRIÃO

Como? A adúltera e o escravo delinquente se uniram para me tirar o juízo? Que mentiras são essas?

ALCMENA

Não acredito! Está me ofendendo de novo? E depois de ter admitido que essa acusação era falsa!

ANFITRIÃO

Falsa? Eu jamais disse isso. Você me traiu e vou provar diante de todos.

SÓSIA

É verdade, meu amo! O senhor confessou que tudo não passou de um teste. Uma brincadeira!

ANFITRIÃO

Cale a boca, escravo mentiroso! Você também é um traidor.

ALCMENA

[Vira as costas e entra na casa. Na porta, aperta o ventre e cambaleia.]

Para mim, chega. Sinto que vou dar à luz em instantes e me recuso a ter meu filho na casa desse homem. Ai! Ó Júpiter, me ajude! Escravas! Venham me amparar!

[Escravas saem — Bromia, à frente de todas, dirige as demais — e rapidamente amparam Alcmena, levando-a para dentro.]

BLEFARO

[Para a plateia.]

Pelo que estou ouvindo aqui, o juízo do meu comandante, o bravo Anfitrião, cedeu finalmente às pressões da guerra. Mas como isso foi acontecer agora, quando a vitória já foi conquistada? Melhor voltar para o navio e cuidar de manter a ordem enquanto ele descansa até recuperar o bom senso. Seja como for, é perigoso permanecer nesses ambientes onde reina a confusão.

[Sai Blefaro. Júpiter surge em cena. Mercúrio surge logo em seguida.]

JÚPITER

Chegou a hora de ajudar Alcmena. Ela está dando à luz neste momento.

ANFITRIÃO

Como? Quem é esse? Não é possível. Por Júpiter, estou me vendo entrar na minha casa! Mas não sou eu. Não, pelos deuses. Não posso estar vendo isso.

SÓSIA

O mesmo digo eu. Dois amos. E dois Sósias. O mundo enlouqueceu.

MERCÚRIO

Saia da frente, saco de imundícies. Temos trabalho a fazer dentro da casa.

[Mercúrio passa jogando Sósia no chão. Aplica-lhe então um chute e Sósia foge de gatinhas, saindo do palco. Mercúrio entra na casa.

Anfitrião está desolado, desnorteado, zonzo. Fica um instante olhando a porta da casa, depois se volta para a plateia.]

ANFITRIÃO

Não posso mais acreditar nem em meus olhos, nem em meu juízo. É como se eu tivesse morrido. Todos os meus amigos e aliados desertaram, me deixando abandonado. Mas juro que quem está por trás dessa piada sem graça não vai se safar ileso. [Brande a espada.] Vou agora mesmo falar com o rei e lhe contarei tudo o que aconteceu. Ah, vou me vingar! Sim, vou me vingar desse feiticeiro tessalense[25] que lançou minha casa em confusão. E para onde foi ele? Entrou na minha casa! E deve estar com minha mulher agora! Quem, em toda Tebas, pode ser mais desgraçado do que eu? O que posso fazer quando ninguém no mundo crê em mim? Virarei tema de deboche da cidade inteira. Mas não. Eis o que farei: entrarei à força nessa casa que é minha e a primeira pessoa que vir pela frente — escravo, minha mulher, seu amante, meu pai ou meu avô — eu matarei. Nada me deterá! Nem Júpiter, nem Mercúrio. Não importa quem seja. Nem todos os deuses juntos me impedirão. Sim, é o que farei. E farei agora.

[Corre para a porta da casa, mas, nesse momento, relâmpagos e trovões surgem no palco, que se apaga.]

---

25 A Tessália, no Norte da Grécia, é a região onde fica o monte Olimpo, morada dos deuses, e era tida como centro de prática de feitiçaria.

CENA 12

[Entra a escrava Bromia, uma segunda narradora desta peça. Anfitrião está desmaiado no chão.]

BROMIA

Minha vida, minhas esperanças, tudo está gravado bem fundo em meu coração. Nenhuma perspectiva, nenhuma possibilidade mais. Perdi tudo! Céu, terra, mar, estão todos para me atormentar. Todos querem minha destruição e morte. Pobre, pobre de mim — o que mais posso fazer? Tantas coisas, tão estranhas, acontecendo nesta casa. Pobre, pobre de mim. Eu me sinto fraca e doente. Água, eu suplico! Tragam-me água! Estou acabada. É o meu fim. Minha cabeça vai explodir. Meu sangue ferve. E mal posso enxergar.

Ninguém aqui acreditará no que aconteceu ali dentro. Minha ama está em trabalho de parto. Sentia tanta dor que pediu a ajuda aos deuses. Então, explodiu nos céus um trovão, um relâmpago iluminou o mundo e ela caiu no chão, sem sentidos.

Uma voz poderosa ressoou à nossa volta, dizendo: "Não tenha medo, Alcmena. Vou ajudá-la. Um habitante das alturas a protege e a todos os seus. Levante-se!"

O estrondo do trovão também havia me feito tombar no assoalho. Mas ergui-me, naquele momento, e me pareceu que a casa inteira estava em fogo. Tudo resplandecia. As demais escravas estavam desacordadas. Alcmena chamou por mim, mas o terror havia me paralisado. No entanto, finalmente, meu zelo por minha ama prevaleceu e, assim, corri para ajudá-la. Então, percebi, para meu espanto, que ela dera à luz dois meninos ali mesmo no assoalho. Gêmeos, mas não iguais. E nenhuma de nós havia visto isso acontecer.

Mas o que aconteceu aqui? Quem é esse homem caído junto à casa? Será que foi Júpiter quem o fez surgir do nada? Por sua aparência, pode ter sido isso. Está imóvel feito morto, pronto para ser sepultado. Vou ver mais de perto.

Mas, ora! Inacreditável! É Anfitrião, meu amo!

[Chama:]

Anfitrião!

ANFITRIÃO
Eu *estou* morto.

BROMIA
Levante-se!

ANFITRIÃO
Já não pertenço a este mundo.

BROMIA
Aqui, pegue minha mão.

ANFITRIÃO
Que mão é essa?

BROMIA
Sou sua escrava, Bromia.

ANFITRIÃO
O relâmpago e o trovão de Júpiter me abalaram de tal modo que ainda não consegui parar de tremer. Sinto-me como se tivesse acabado de retornar do reino dos mortos. Mas por que você está aqui fora?

BROMIA
Fomos assaltados lá dentro pelo mesmo estrondo e pelo mesmo jorro de luz. E algo impressionante aconteceu dentro de nossa casa. Pobre de mim, pobre de mim. Acho que vou perder o juízo.

ANFITRIÃO

Você também? Não, espere, diga-me antes. Tem certeza de que sou seu amo, Anfitrião?

BROMIA

Claro que sim!

ANFITRIÃO

Examine-me com toda atenção.

BROMIA

É o senhor, sem dúvida.

ANFITRIÃO

E, neste momento, não há outro igual a mim dentro da minha casa?

BROMIA

Não, como isso poderia acontecer?

ANFITRIÃO

Então é verdade. A traição da minha esposa está me fazendo ver coisas.

BROMIA

Vai se arrepender dessas palavras, meu amo. Sua fiel e honrada esposa, Alcmena, acaba de dar à luz dois meninos gêmeos.

ANFITRIÃO

Não me diga. Gêmeos?

BROMIA

Sim, isso mesmo.

ANFITRIÃO

Que os deuses me protejam.

BROMIA

Espere. Há muito mais para ser contado. Meu amo não vai acreditar o quanto os deuses o favorecem.

ANFITRIÃO

Continue!

BROMIA

Quando a carregamos para dentro de casa, com a hora do parto se aproximando, ela, como qualquer mulher prestes a dar à luz faria, orou aos deuses, pedindo a proteção deles. Então, lavou suas mãos e cobriu a cabeça. Assim que fez isso, o trovão explodiu nos céus. Pensei que a casa inteira estivesse desabando.

ANFITRIÃO

Chega de tanta história e tensão! Diga logo no que deu tudo isso.

BROMIA

É que, quando nos recobramos, vimos que ela dera à luz sem nenhuma dor nem gemido.

ANFITRIÃO

Apesar do que ela fez contra mim, isso me alegra muito.

BROMIA

Espere! Ponha a sua cabeça no lugar e escute! Ela se ergueu a seguir e nos recomendou que lavássemos os bebês. Foi o que fizemos. Aquele que eu estava lavando era muito maior e mais forte do que o outro. Na verdade, o bebê mais forte que já vi. Nenhuma de nós conseguiu impedir que ele se debatesse e acabamos não conseguindo embrulhá-lo na manta reservada para isso.

ANFITRIÃO

Espantoso! Se for verdade, começo a suspeitar de que minha esposa teve uma excelente ajuda por parte dos deuses.

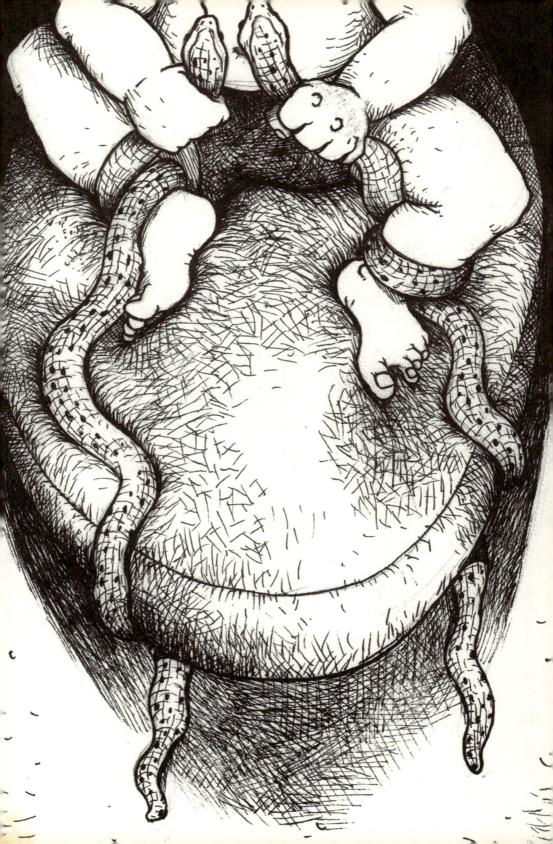

BROMIA

Há mais ainda! Quando pusemos os dois, cada qual em seu berço, sem que víssemos, duas enormes serpentes se arrastaram para junto do bebê mais forte, que então dormia.

ANFITRIÃO

[Desesperado:]

Não! Não!

BROMIA

Espere. Não há razão para se preocupar. Quando retornamos ao quarto, as duas serpentes erguiam suas cabeças para dar o bote, com suas bocarras escancaradas e presas brilhantes. Nesse instante, o bebê prodigioso abriu os olhos e, com um movimento brusco, sentou-se no berço, ao mesmo tempo que, rápido como um raio, agarrou as serpentes, uma em cada mão, bem abaixo das suas cabeças.

ANFITRIÃO

Não posso crer. E não consigo também parar de tremer. Pelos deuses, seu relato faz meu coração disparar e resseca dolorosamente minha boca. O que aconteceu a seguir? Como está o bebê?

BROMIA

Escute, meu amo. Ele estrangulou ambas as serpentes.[26] Depois, rindo alto, atirou seus corpos flácidos no assoalho e voltou a dormir. Mas foi aí que uma voz tão poderosa como o trovão chamou sua mulher pelo nome. As paredes estremeceram com aquele som aterrador.

ANFITRIÃO

Como? E de quem era essa voz?

---

26 Em uma versão corrente do mito, Anfitrião é atraído para o quarto e corre para lá de espada em punho. Ao testemunhar a primeira façanha do herói, chama o adivinho Tirésias, que lhe revela a origem divina de Hércules. Somente assim ele desiste de castigar Alcmena e assume a paternidade adotiva do herói.

BROMIA

De Júpiter, o rei de todos os deuses. Foi o que ele disse. Contou que, disfarçado com a aparência do senhor, meu amo, deitou-se com Alcmena.

E que o menino que havia esganado as serpentes era o filho dele. O outro menino, Anfitrião, é seu filho.

ANFITRIÃO

[Depois de alguma hesitação, volta-se para a plateia.]

Ora, não é a pior coisa no mundo isso que me aconteceu, afinal. Quem pode resistir aos caprichos dos deuses? Assim, divido minha boa fortuna com Júpiter, ninguém menos. Vou entrar na minha casa e preparar os rituais adequados para a situação. Devo fazer sacrifícios a Júpiter. E chamarei o adivinho Tirésias[27] para ele revelar o que vê aqui e o que pensa de tudo isso.

[Soa um trovão e ele se volta subitamente para o céu. Fica contemplando as alturas um instante e, então, Júpiter surge no telhado da casa, em meio a um relâmpago que atinge estrondosamente o prédio. Anfitrião se assusta, Bromia corre para dentro, apavorada.]

JÚPITER

Espere, Anfitrião! Estou aqui para ajudar a você e aos seus. Não tenha medo. Deixe pra lá os videntes, que são desnecessários agora. Posso revelar a você o futuro e mostrar o seu passado muito melhor do que qualquer um deles. Sou Júpiter, deus dos deuses. O primeiro de todos. Fui eu que, fingindo ser você, enganei Alcmena. Depois disso, ela ficou grávida e deu à luz um menino que será o maior herói desta terra. Mas será também

---

27 É o adivinho que aparece em vários mitos, principalmente naqueles relacionados a Tebas, sempre desempenhando papel relevante. Ulisses o reencontrará no Hades, quando para lá desce em busca da profecia que poderia conduzi-lo de volta a seu lar, a ilha de Ítaca.

o homem mais atormentado de todos, e o ataque das serpentes hoje foi somente o início de suas aventuras. Ele, porém, irá lhe trazer honra, e seu nome, Anfitrião, por causa dele, será imortal. Agora, vá ter com a sua esposa e viva com ela em harmonia para sempre. Não a culpe por nada nem guarde inúteis e perigosos rancores contra os caprichos de um deus — ainda mais sendo o maior de todos. Entenda o que lhe aconteceu como uma dádiva e seja feliz. Daqui, retorno para as alturas.

[O trovão e o relâmpago explodem de novo e Júpiter desaparece. Anfitrião parece aturdido, mas em instantes volta-se para a plateia e profere sua fala final:]

ANFITRIÃO

Que assim seja, então. Júpiter, rogo que cumpra sua promessa. E nada mais me resta além de pedir a todos, aqui, aplausos entusiasmados para o grande Júpiter.

POSFÁCIO

As comédias de Plauto influenciaram grandes dramaturgos ocidentais, como Shakespeare e Molière. O curioso é que pouco se sabe sobre sua vida. Presume-se que tenha nascido em Sarsina, ao norte da Umbria, mas não se dispõe de confirmações quanto a isso, nem sobre a vida dele, até surgir em Roma como famoso teatrólogo. Seu nome, Tito Macius Plauto, é um deboche próprio de quem construía fama como dramaturgo cômico. Tito poderia ser uma gíria para *phalo*, e alguns traduzem Macius como *filho do palhaço*. Chegaram até nós 21 peças de Plauto.

A Roma de Plauto estava passando por uma grande transformação cultural, motivada pela intensificação da presença da cultura grega. O grego começava a ser uma língua ao menos minimamente difundida, assim como a retórica, o teatro, a filosofia e a poesia grega. Havia professores gregos nas casas mais ricas da cidade. E havia, em contrapartida, um movimento, do qual Plauto fazia parte, que visava à criação de uma produção cultural *romana*, genuína, que fizesse jus à importância política de Roma. É só lembrar que, na década de 240 a.C., Roma já dominava toda a península Itálica, inclusive as colônias gregas da região, e tinha vencido a guerra de mais de vinte anos contra Cartago[28] — chamada a *Primeira Guerra Púnica* —, sua grande rival no Mediterrâneo.

As apresentações das peças, em Roma, ocorriam na programação de festivais patrocinados pelo Estado. Tinham também o caráter de homenagem a deuses como Júpiter, Apolo, Ceres[29] e Flora — a grande mãe na península Itálica. Nos festivais, ocorriam processões, sacrifícios de animais, e as peças eram montadas ou no Fórum ou diante do templo

---

28 Colônia fenícia no norte da África, onde hoje fica a Tunísia.

29 Ver apêndice *As Nove Musas* neste volume.

de um dos deuses. Não foram construídos em Roma grandes teatros, como na Grécia. As comédias de Plauto e outras peças eram apresentadas em teatros temporários, e a proximidade da plateia era explorada pelos autores e atores de várias maneiras, como se vê em *Anfitrião*. Já em outros aspectos, como nas semelhanças de sua mitologia, era nítido que a cultura romana tinha como seu ancestral maior a Hélade (Grécia).

Anfitrião, aliás, é um raro sobrevivente de uma comédia em que os deuses participam como personagens. Geralmente, como explica *Mercúrio* na peça, os Olímpicos e seus semelhantes somente se apresentavam em tragédias, e raramente se misturavam com mortais, quanto mais com personagens representando escravos, como Sósia. Um deus — Mercúrio —, filho de Júpiter, apresentando-se como um escravo — Sósia — era, então, algo beirando a irreverência. Além disso, a desestabilização do poder patriarcal, em função da delicada posição na qual Júpiter deixa Anfitrião, é também uma alfinetada nos brios do pensamento e dos costumes mais conservadores dos romanos. Até o fato de se dar o título da peça a Anfitrião, aquele que é forçado a dividir a esposa — ainda que com o Senhor dos Deuses —, não deixa de ser irônico, *debochado*, ao mesmo tempo que sublinha o foco maior da peça.

Enfim, essas são inovações e ousadias do teatro de Plauto, e que lhe conferiram fama em seu tempo e influência na posteridade.

HERAKLES

HERAKLES
INTRODUÇÃO
OS DOZE TRABALHOS

Como primeiro passo para tornar Herakles imortal, Zeus recorreu a um ardil irônico. Incumbiu Hermes, mestre dos estratagemas, deus dos ilusionistas e dos ladrões, de fazer o filho de Alcmena mamar no seio de Hera. Hermes esperou o momento em que a Senhora do Olimpo adormeceu e colocou o bebê sobre seus seios. Herakles começou a sugar avidamente, o que fez Hera acordar, assustada, e repelir Herakles com um movimento tão brusco que o leite divino espirrou no céu, e assim se formou a Via Láctea.

Hera ficou indignada. Não tinha tolerância alguma com a infidelidade de seu marido, embora, não se atrevendo a se vingar dele, castigasse suas amantes e rebentos pelos atos do Senhor do Olimpo. E agora, além de traída, era usada de forma vil por Zeus. Assim, o centro da narrativa de *Herakles* é a vingança de Hera, apesar de se iniciar com um episódio da disputa política em Tebas.

No mito corrente, como consequência do episódio narrado aqui, Herakles, por obra de Hera, recebe como punição a incumbência de apresentar-se a seu primo Euristeu, que lhe atribuirá doze tarefas. São os trabalhos de Herakles:

1) matar o Leão de Nemeia, que tinha a pele invulnerável; Herakles o sufoca com os braços e passa a utilizar seu pelo como vestimenta, ganhando assim uma couraça impenetrável e um símbolo — é comum retratá-lo vestindo a pele do leão e, como capuz, a cabeçorra com a juba da fera;

2) matar a Hidra de Lerna, gerada pela própria Hera; a Hidra tinha várias cabeças e, ao se cortar uma delas, duas nasciam para substituí-la; Herakles precisou cauterizar o toco de cada cabeça que cortava com uma tocha; como o monstro tinha um veneno invencível, Hera banhou suas flechas no sangue dele, tornando-as mortais, mesmo quando acertassem seus inimigos apenas de raspão;

3) capturar o Javali de Erimanto, uma fera enorme e sanguinária;

4) capturar a Corça de Cerínia, que tinha os cascos de bronze (e assim não se cansava de correr) e os chifres de ouro;

5) matar as aves carnívoras do lago Estínfalo;

6) limpar os estábulos de Áugias; fazia trinta anos que não eram removidos os excrementos ali depositados, e Eristeu deu a Herakles esse trabalho para humilhá-lo; o herói, no entanto, o cumpriu de maneira espetacular, desviando os rios Alfeu e Peneu, cujos leitos invadiram as estrebarias, limpando-as em um único dia;

7) trazer para Eristeu o Touro de Creta, que soltava fogo pelas ventas;

8) capturar as éguas carnívoras de Diomedes; o herói, tendo entrado em conflito com o dono dos animais, atirou-o nas estrebarias para ser devorado;

9) apropriar-se do cinturão de Hipólita, rainha das Amazonas, corajosas guerreiras, cuja tribo vivia num dos extremos do mundo conhecido;

10) apropriar-se dos bois de Gerião, gigante de três corpos até os quadris, incluindo três cabeças;

11) trazer Cérbero, o cão de três cabeças, guardião do portal do Hades;

12) trazer o pomo de ouro do jardim das ninfas Hespérides — a árvore era vigiada por um dragão de cem cabeças e imortal.

Nesta peça, Eurípides usa uma versão paralela do mito. Herakles está regressando do Hades, onde cumpriu seu décimo primeiro trabalho. A peça focaliza o herói já num momento em que sua fama e renome correram toda a Grécia e regiões adjacentes.

Em meio a essas proezas, Herakles viveu outras maravilhosas aventuras, provocou e lutou guerras infindáveis, disputou inúmeros jogos atléticos, sempre triunfante, enfrentou centauros, gigantes e monstros, experimentou paixões arrebatadoras, construiu templos, participou de empreitadas junto com outros heróis, como Teseu e Jasão. Mesmo assim, como para ratificar seu terrível destino, esta é uma das mais devastadoras peças do teatro clássico.

O sofrimento que Hera impõe aqui ao seu desafeto chega ao limite do insuportável, inclusive pelo próprio herói. Essas características tornam a obra única e excepcional, mesmo no restrito rol das maiores do teatro grego antigo.

Eurípides, aliás, se tornou o grande mestre nessa radicalização do sofrimento na dramaturgia, a ponto de Aristóteles, na sua *Poética*, mencioná-lo como o "mais intensamente trágico de todos os poetas."[30]

---

30 *Poética,* Aristóteles, 1453 a 28-30.

PERSONAGENS/TEMPO
LOCALIZAÇÃO

MEGARA, MULHER DE HERAKLES

ANFITRIÃO, PAI ADOTIVO DE HERAKLES, JÁ UM ANCIÃO NESTA PEÇA

LICOS, ATUAL GOVERNANTE DE TEBAS

HERAKLES, NASCIDO ARISTIDES;[31]
NA MITOLOGIA ROMANA, É CHAMADO DE HÉRCULES

ÍRIS E LOUCURA, ENVIADAS DE HERA

TESEU, HERÓI QUE MATOU O MINOTAURO
E REI DE ATENAS

OS TRÊS FILHOS DE HERAKLES

CORO DE ANCIÃOS DE TEBAS

Era mitológica. Quando se inicia a ação, Herakles está ausente faz tempo, empenhado em seus trabalhos — pensa-se que ele possa estar morto. O tirano Licos, tendo tomado o poder violentamente, agora pretende eliminar possíveis focos de resistência
— como o pai e a família de Herakles.
A ação da peça se desenvolve em Tebas.

---

31 Ver *Anfitrião*, de Plauto, neste volume.

AÇÃO

[Em torno de um altar erigido em honra a Zeus, o protetor Anfitrião, Megara e os três meninos, filhos de Herakles, tirados à força da casa de Anfitrião por Licos, se refugiam.]

ANFITRIÃO

Há alguém nesta cidade que não conheça Anfitrião, o Argivo, que compartilhou o leito da sua esposa com o próprio Zeus? Alceu, filho de Perseu, aquele que decapitou a terrível Medusa, foi meu pai. Assim como eu sou o pai adotivo de Herakles. Esta cidade, esta mesma Tebas, é meu lar. Aqui mesmo, onde uma safra de homens semeados na terra brotaram e, por obra de Ares, um pequeno número deles pôde ganhar vida e povoar a cidade de Cadmo com os filhos de seus filhos. Dessa linhagem, nasceu Creonte, filho de Menoeceus, que reinou sobre esta terra. Creonte foi o pai de Megara, aqui ao meu lado, cujo casamento com o renomado Herakles todos os cadmeus celebraram, cantando, acompanhados pela flauta, naquele dia em que meu filho a trouxe para sua casa, meu lar, já como sua esposa.

Posteriormente, meu filho deixou Tebas e também Megara, aqui diante de vocês, com os filhos, para viver na cidade-fortaleza de Argos, aquela que os ciclopes construíram, e da qual fugi depois de matar Electrion. Já que ele estava decidido a encerrar o meu exílio e a viver na terra de seus ancestrais, prometeu a Euristeu um valioso pagamento para que o rei permitisse seu retorno. Herakles empenhou-se com ele em livrar a terra de todos os monstros.[32] Se foi por obra dos ciúmes de Hera ou por capricho do destino que foi forçado a cumprir tantas proezas, ninguém

---

32 Este trecho refere-se aos Doze Trabalhos. Há aqui uma discrepância em relação ao mito mais disseminado, como já foi assinalado na Introdução.

sabe dizer.[33] O que importa é que falta somente a última dessas tarefas, todas as demais já foram cumpridas.[34] Sabemos que ele penetrou na Bocarra de Taenarum,[35] de onde pretendia atingir os domínios de Hades para trazer para o mundo da superfície o cão de três cabeças, Cérbero. Mas de lá ainda não retornou.

Há uma lenda, nas tradições dos cadmeus,[36] que conta que Tebas, com suas sete portas, foi governada por um homem também chamado Licos, marido de Dirce, antes do tempo em que os filhos de Zeus, Amphion e Zethus, o dos cavalos brancos, tomassem o poder. O filho desse homem, que recebeu o mesmo nome do pai, não era um cadmeu e veio da Eubeia. Ele atacou esta nossa cidade, quando nosso povo estava enfraquecido por muitas disputas. Assassinou Creonte e se tornou rei. Quanto a nós, o laço de parentesco que nos liga a Creonte provou ser um perigo mortal. Mesmo agora, enquanto meu filho está nas entranhas escuras da terra, este Licos dos dias atuais, este mesmo que o acaso tornou recentemente soberano de Tebas, está decidido a prosseguir com o derramamento de sangue, matando a esposa do meu filho e a mim, sem hesitar diante da fragilidade de um homem de idade e barbas já grisalhas como eu, e a seguir assassinando os filhos de Herakles. Ele teme que essas crianças possam, algum dia, quando se tornarem adultas, se vingar da carnificina praticada contra sua família.

Quando iniciou sua jornada para o reino das trevas eternas, meu filho me deixou nesta casa para zelar por todos aqui e, especialmente,

---

33 No mito mais conhecido, Hera, em mais uma tentativa de destruir Herakles, é quem está por trás de Eristeu, primo do semideus. É ela quem determina os trabalhos que deverão ser exigidos pelo rei.

34 O décimo primeiro trabalho foi descer ao mundo dos mortos e trazer o cão Cérbero, guardião do Portal do Hades — o reino dos mortos e também o nome do irmão mais velho de Zeus, que o governa —, a fera de três cabeças que não deixa nenhum vivente entrar, e tampouco nenhum espírito escapar lá de dentro. O décimo segundo trabalho seria colher os pomos (maçãs) de ouro do jardim das ninfas Hespérides. A árvore onde cresciam esses pomos era guardada por um dragão de cem cabeças, que Herakles precisou matar.

35 Taenarum, ou cabo Tenaro, situado no Peloponeso, no sul da Grécia, foi para onde Herakles viajou a fim de procurar a entrada do Hades.

36 Descendentes de Cadmo, príncipe fenício, fundador de Tebas.

para proteger seus filhos. Assim, tento agora salvar os filhos de Herakles da morte juntando-me à mãe deles numa súplica, no altar de Zeus, o Protetor, que meu nobre filho ergueu para comemorar seu triunfo na batalha contra os minianos.

Aqui manteremos nossa piedosa vigília, tendo sido privados do que é essencial para a sobrevivência — comida, água e agasalhos — e nos servindo do chão duro como leito. Fomos expulsos de nossa casa e, por isso, aqui ficaremos, apesar da pouca esperança que temos de nos salvar. Alguns de nossos amigos, vejo bem agora, não provaram ser dignos desse nome, enquanto os que o continuaram merecendo estão reduzidos à impotência e podem apenas assistir ao nosso sacrifício. Assim ocorre quando um homem enfrenta o infortúnio.

Oro para que nenhum amigo meu, nem mesmo um mero conhecido distante, precise um dia sofrer a frustração de experimentar a lealdade de seus amigos.

MEGARA

Nobre ancião, que certa feita destruiu a cidade dos tafoseanos, comandando um exército de cadmeus para a conquista da glória, como são incompreensíveis para nós as dádivas concedidas aos mortais pelos deuses! Pelo lado do meu pai, não fui desprovida de sorte. Por causa da fortuna dele, os homens, no passado, o reverenciaram, e também ele teve filhos, grandeza e um trono, coisas que despertam a inveja e atraem compridas lanças contra o peito de quem as possui. Foi ele quem me entregou ao seu filho, Herakles, num casamento que atraiu a inveja de todos.

Mas tudo isso é passado, ficou para trás, e você e eu estamos prestes a sermos mortos, ancião, assim como estes filhos de Herakles, que tento proteger como uma mãe pássaro guardando os filhotes sob suas asas. E eles me perguntam: "Mamãe, onde está nosso pai? Em que parte do mundo? O que está fazendo neste momento? Quando chegará aqui?" São tão novos ainda, e sentem saudades do pai. Não entendem a ausência dele. Eu os distraio contando-lhes histórias, mas sempre que soa algum barulho nos portões os dois pulam da cama, já imaginando que é Herakles e que poderão, afinal, correr para ele e abraçar seus joelhos.

Então, agora, meu senhor, que esperança, que segurança pode nos proporcionar? É para você que me volto. Não conseguiríamos escapar desta cidade sem sermos vistos. Há soldados vigiando todas as portas, e são fortes demais para que possamos enfrentá-los. Sendo assim, diga logo, nos conte quais são seus planos. Temo que a morte de todos nós não tardará a acontecer.

ANFITRIÃO

Minha filha, é difícil dar conselhos lúcidos em uma situação como essa. De que maneira eu poderia lhe mostrar entusiasmo, e não desespero? Mas tentemos não perder totalmente as esperanças.

MEGARA

Você já não padeceu o suficiente? É assim que ama a vida?

ANFITRIÃO

Ainda sou capaz de ter prazer por estar ao sol e acredito em nossa salvação.

MEGARA

Eu também. Mas não podemos confiar naquilo que não vai acontecer, ancião.

ANFITRIÃO

Há consolo para os oprimidos em adiar a desgraça.

MEGARA

Mas o tempo que se ganha com isso é tão doloroso, tão difícil de suportar.

ANFITRIÃO

Minha filha, um vento benevolente ainda pode soprar e nos conduzir ao litoral, livres desses tormentos que nos afligem. Pode ser que Herakles ainda chegue a tempo. Tranquilize-se e afaste essas lágrimas que tão prontamente passam dos seus olhos para os olhos dos seus filhos. Procure acalmá-los com suas palavras. Embora o sofrimento que você guarda seja terrível, não deve deixar que isso transpareça. Os infortúnios dos homens diminuem e os ventos contrários, em algum momento, se desfazem. A Fortuna não sorri sobre seus prediletos para sempre, porque todas as coisas dão lugar a alguma outra. O verdadeiro homem é aquele que preserva a esperança do primeiro ao último instante. Abandonar a esperança, isso é ser covarde.

[O Coro entra lentamente. São anciões de Tebas. No passado, eram poderosos guerreiros, mas agora estão velhos e depauperados.]

CORO

[Estrofe]

Sustentado neste cajado que jamais posso largar, vim ao palácio de teto alto, onde o idoso Anfitrião já pensava em permitir que seu corpo descansasse. Sou um velho, alguém que passa pelas cidades cantando canções dolorosas, como se fosse um cisne no fim da existência. Sou apenas palavras, nem sequer um homem, mas um fantasma, uma visão de sonho. Minhas pernas tremem, mas meu espírito ainda é forte. E meu coração está com vocês, pobres crianças sem pai, e com você, velho guerreiro, e com você, infeliz senhora que chora por seu marido, Herakles, que vaga agora pelos salões do Hades.

[Antístrofe]

À frente. Que seu pé menos combalido avance, arrastando com ele esses membros exauridos, como um cavalo arreado a uma carroça, puxando o veículo numa subida íngreme e pedregosa. Se o passo de um dos homens falhar, por fraqueza, segure-se depressa no que estiver ao seu lado, seja em seu braço ou suas roupas. Que um ancião ampare o outro, como no passado lutaram lado a lado, todos jovens guerreiros, na época, lança ereta ao entrar na batalha, jamais trazendo vergonha para nossa terra natal.

[Epodo]

Vejam os olhos faiscantes desses meninos. São iguais aos do pai. Um olhar fixo como o de uma Górgona. O infortúnio dele não abateu seus filhos nem os privou de um belo porte. Ah, Grécia, se você perder esses meninos, de que grandes campeões será privada!

LÍDER DO CORO

Calem-se! Vejo Licos, rei da cidade, aproximando-se do palácio.

LICOS

Pai de Herakles, e você, esposa dele. Tenho algumas perguntas a lhes fazer, se me permitirem. E sabem que, como seu soberano, posso perguntar o que bem entender.

Por quanto tempo pretendem prolongar suas vidas? Que esperança ainda podem ter? Como podem pensar que adiarão ainda mais a sua execução? Acham que o pai desses garotos retornará? Ele está morto no Hades, neste momento.

[Anfitrião e Megara baixam a cabeça, pesarosos.]

Ah, vocês já exibiram muito mais a sua dor do que podiam. E sabem que morrerão, apesar de se gabarem publicamente de que Zeus é o sócio de Anfitrião na paternidade de Herakles, e você, Megara, esposa do filho do Senhor dos Deuses, o maior de todos os heróis.

Ora, mas qual foi a proeza tão extraordinária de seu marido? Ele alegava que matara a Hidra de Lerna e, com as mãos nuas, estrangulara o Leão de Nemeia. Mas é com isso que vocês pretendem me enfrentar? Eu deveria poupar a vida dos filhos de Herakles por causa dessas histórias? A sua fama de grande herói foi conquistada lutando contra feras selvagens, mas, em outros tipos de enfrentamento, ele nunca foi um grande guerreiro — ele não era nada!

Jamais sustentou um escudo em seu braço esquerdo nem recebeu a carga da lança de um inimigo. Usava um arco, a arma preferida dos covardes, daqueles que batem em retirada durante os combates. Usar arco e flecha não é prova de coragem para um homem. Coragem é quando

ele mantém sua posição diante do avanço do inimigo, e encara sem hesitação as hostes que o atacam, por mais furiosas que invistam contra ele. O que estou fazendo agora, velho, demonstra cuidadoso planejamento, e não há motivo para eu me constranger. Todos sabem que matei o pai dessa mulher, Creonte, e que agora ocupo o trono dele. Não permitirei que esses meninos busquem vingança e se tornem meus assassinos.

ANFITRIÃO

Que Zeus proteja aquela parte do seu filho que vem dele. No que me diz respeito, Herakles, o que devo fazer é defender e provar a loucura desse homem. Insultos como esses contra o seu nome não serão tolerados.

Primeiramente, tomo os deuses por testemunhas para defendê-lo contra acusações infames. É inacreditável, Herakles, que alguém cometa a imprudência de chamá-lo de covarde. Neste instante, clamo pelo testemunho do relâmpago e da carruagem de Zeus, que Herakles guiou quando partiu para a guerra contra os gigantes nascidos da terra. Quando as flechas aladas do meu filho se cravaram nos corpos deles, Herakles retornou para dançar e cantar a canção da vitória junto com os deuses. Vamos, então, para Pholoe, ó rei sem honra, e pergunte àquela selvagem raça dos centauros, os de quatro patas, qual homem julgam eles ser o maior de todos os heróis. Ninguém mais do que meu filho — o homem que você tenta denegrir. Faça a mesma pergunta sobre suas próprias proezas, em Eubeia, sua terra, e a resposta não será do seu agrado, porque, em lugar algum da ilha onde você nasceu encontrará alguém que saiba de algum feito memorável que você tenha realizado.

Então, ousa criticar essa invenção engenhosa, o arco? Ouça-me, então, e aprenda um pouco. O soldado de infantaria é escravo de seu armamento. Se tiver sua lança partida, não poderá evitar a morte, já que sua única arma está perdida. Se ambos os homens que o ladeiam[37] se acovardarem e abandonarem a falange durante a batalha, ele será morto por culpa de

---

37 Na falange, forma tradicional de combate entre os gregos, várias linhas de homens, colados uns aos outros, em formação cerrada, cada soldado empunhando o escudo com o braço esquerdo, protegem o seu flanco e o do companheiro ao lado. O choque das falanges inimigas era o grande embate das guerras quando ainda não havia arqueiros nos exércitos gregos.

seus companheiros. Mas isso não acontecerá com o hábil arqueiro. Em primeiro lugar, sua grande vantagem é poder atirar centenas de flechas enquanto os outros o defendem. Em segundo lugar, abate os inimigos de longe, já que estes, mesmo atentos, não conseguem enxergar as flechas antes que os atinja. Desse modo, os priva da chance de revidar o ataque.

A verdadeira habilidade do combate é evitar entregar-se à sorte e ferir os inimigos sem se expor a riscos. Esses argumentos contrariam visões conservadoras como a sua.

A seguir, aqui temos esses meninos: por que você quer matá-los? Que mal lhe fizeram? Somente posso compreender sua atitude da seguinte maneira: como um covarde que você é, teme os filhos de um grande guerreiro. Mas é uma sentença dura demais, termos de morrer por causa da sua falta de coragem. Se Zeus estiver nos olhando com um único olho, seu castigo será ser morto por nós, que somos pessoas superiores a você. No entanto, se pretender somente ficar com o trono de Tebas, sem nenhuma resistência da nossa parte, permita que partamos para o exílio. Não cometa nenhuma violência contra nós, caso contrário seu ato cairá de volta sobre sua cabeça, quando os desígnios dos deuses se voltarem contra você.

Ó terra de Cadmo! Sim, eu dirijo minhas palavras a você e são palavras de reprovação. É essa a proteção que proporciona a Herakles e seus filhos? De mãos nuas, ele não lutou contra os minianos para permitir aos tebanos que encarassem o mundo de cabeça erguida, como homens livres?

Ó Grécia, a você também eu reprovo, e jamais me calarei sobre isso. Você está se mostrando vergonhosamente ingrata para com meu filho. Logo você, que deveria se levantar em fúria para proteger esses pequenos com fogo, lanças e suas armaduras completas, em paga por toda a luta do pai deles para garantir-lhe suas terras e mares.

A verdade, meus netos, é que vocês não têm quem os defenda, nem a Grécia, nem Tebas. Seus olhos estão fixos em mim, mas, embora os ame, não posso ajudá-los. Nada sou além de uma língua resmunguenta. A força que possuí no passado se foi. Membros trêmulos e vigor murcho — são essas as dádivas que devo agradecer à avançada idade. Mas, se eu ainda fosse jovem e rijo, já teria empunhado minha espada e tingido de sangue os cabelos louros desse homem. Sob o pavor que minha lança lhe imporia, ele fugiria correndo até as fronteiras de Atlas.

LÍDER DO CORO

Um homem justo encontra bons argumentos para se defender, mesmo que as palavras saiam vagarosas de sua boca.

LICOS

Você é bem eloquente para me insultar do modo mais arrogante. Deixarei que meus atos o punam por isso.

[Para seus criados:]

Aqui, homens. Que alguns de vocês vão ao Helicon, outros às encostas do Parnaso e ordenem aos lenhadores que cortem achas de carvalhos. Tragam-nas para Tebas, coloquem-nas em torno do altar e ateiem fogo. Que a mulher, os meninos e o velho sejam reduzidos a cinzas. Quero que se curvem ao fato de que sou o soberano desta terra, e não mais o falecido.

[Alguns de seus criados deixam o palco. Licos se dirige ao Coro:]

Quanto a vocês, inúteis, que ousam se opor à minha vontade, terão muito mais do que os filhos de Herakles a lamentar. Chorarão por suas casas, que eu confiscarei com tudo o que têm. E que isso sirva para lembrá-los sempre de que sou seu rei e vocês são meus escravos.

LÍDER DO CORO

Rebentos da terra, homens que um dia Ares semeou com os dentes que ele arrancou das mandíbulas do dragão bestial, ergam os cajados que sustentam em sua mão direita e esmaguem com eles a cabeça desse homem profano. Que o sangue dele corra em abundância. Ele é indigno de reinar sobre nosso povo — é um estrangeiro, não um filho de Cadmo.

[Para Licos:]

Você jamais me tornará seu escravo, e irá se arrepender se insistir nisso. Jamais usufruirá de tudo o que conquistei com suor e trabalho ao longo de toda a minha vida. Volte para a terra de onde saiu e tente fazer

com que aceitem por lá seus modos insolentes. Enquanto eu viver, você não matará os filhos de Herakles.

Ele pode ter deixado seus filhos, mas não estará nunca enterrado fundo o bastante na terra para que eu o esqueça. Você agora tem a posse da terra dele, que já arruinou, enquanto ele, nosso benfeitor, não recebe o reconhecimento devido. Então, como eu poderia hesitar em ajudar um amigo na sua hora de maior necessidade?

Oh, minha mão direita, há quanto tempo você não empunha uma lança. Mas sua força se foi, assim como sua firmeza. [Brandindo o cajado para Licos.] Se assim não fosse, eu o castigaria por me chamar de seu escravo e ganharia fama por lutar em defesa desta Tebas da qual você agora abusa. Civilidades e reuniões demais fizeram a nós, tebanos, perder a dignidade e até mesmo o juízo. Se estivéssemos sãos, jamais aceitaríamos você como nosso rei.

MEGARA

Nobres concidadãos, eu lhes agradeço. É sinal de honra que se movam por uma ira justa para proteger seus amigos. Mas não quero que sofram por manifestarem sua revolta contra o rei. Ouça o que penso, Anfitrião, e talvez considere minhas palavras valiosas.

Amo meus filhos. Claro que os amo — não os dei à luz e me sacrifiquei tanto para criá-los? E a morte me apavora. Mas, na minha opinião, aquele que resiste ao inevitável é um tolo. Então, já que vamos morrer, pelo menos que não morramos no fogo, sob a chacota de nossos inimigos. Para mim, isso seria pior do que a morte. De nossa casa, recebemos muitas dádivas, e com ela estamos em dívida. Você, Anfitrião, foi outrora um famoso e respeitado guerreiro. Agora vai morrer como um covarde? Isso seria intolerável. Meu marido, se esses meninos trouxessem desonra ao seu nome, ele se recusaria a salvá-los. Homens de berço nobre se afligem demais com a desonra que cai sobre seus filhos. E não hesitarei em seguir nisso o exemplo do meu marido.

Pese, Anfitrião, suas esperanças contra meus argumentos. Você acredita mesmo que seu filho voltará do reino subterrâneo? Que homem já morreu e conseguiu regressar do Hades? Ou acha mesmo que esse usurpador do trono irá se comover à custa de palavras? Jamais. Devemos manter distância de um inimigo ao qual falta humanidade, e que mesmo assim rosna contra outro, mais sábio e bem-nascido. Apelar para o senso de honra de Licos é tão inútil quanto tentar selar um pacto de amizade com ele.

Já acreditei que adiantaria alguma coisa sentenciar essas crianças ao exílio, em vez de mandar executá-las. Mas que destino triste o delas, depender de tal humilhação. Como muitos dizem, um exilado pode contar com o rosto amigável daquele que o recebe por um dia, nada mais. Portanto, Anfitrião, una-se a nós enfrentando com bravura a morte. Você tem berço nobre, assim como nós. Desafiamos você, então! Quando um homem luta para se livrar de seu destino, está louco. Que venha a morte!

LÍDER DO CORO

Se alguém tivesse tentado feri-lo quando estes meus braços tinham força, eu o deteria sem dificuldade. Mas, no estado em que me encontro hoje, sou inútil. Cabe a nós, Anfitrião, a tarefa de evitar sua condenação.

ANFITRIÃO

Não é covardia nem amor pela vida que me leva à tentativa de evitar a morte. Quero salvar essas crianças, pelo meu filho. Mas não adianta: é como se eu estivesse chorando para possuir a Lua.

[Ele deixa o altar e os demais anciões o acompanham.]

Veja, aqui está o meu pescoço pronto para a sua espada. Corte minha cabeça! Derrame meu sangue! Atire meu corpo em um precipício. Mas suplico, meu rei, conceda a nós dois uma graça. Mate-me e a essa desventurada mãe antes de matar as crianças. Imploramos que nos poupe da medonha cena de vê-los sendo mortos, de seus gritos: *Mamãe! Papai!* Quanto aos demais, façam o que desejarem. Não temos como nos salvar da morte.

MEGARA

E eu lhe peço mais um favor. Mesmo sendo quem é, tem suas obrigações sagradas. Remova as barras que bloqueiam as portas de nosso palácio e me permita apanhar lá dentro trajes fúnebres para vestir as crianças. Quero que pelo menos recebam parte de sua herança familiar.

LICOS

Que seja!

[Para os criados:]

Desbloqueiem as portas.

[Para o Coro:]

Podem entrar e se vestir adequadamente. Não vou privá-los disso. Quando estiverem prontos, voltarei para providenciar que cheguem ainda hoje ao mundo dos mortos.

MEGARA

Venham, crianças. Acompanhem sua pobre mãe. Vamos entrar pela última vez na casa de seu pai. Outros, agora, tomaram posse dos bens dele, mas seu nome ainda é de vocês.

[Ela entra no palácio com as crianças.]

ANFITRIÃO

Oh, Zeus! Como foi inútil tê-lo como sócio em meu casamento, e como foi inútil saudá-lo como parceiro da minha paternidade. Você se saiu menos meu amigo do que eu supus. E eu me portei, no final, mais honradamente do que você, embora você seja o maior dos deuses, e eu, um mero mortal.

Pelo menos não traí os filhos de Herakles. Você, que soube tão bem se meter disfarçado na cama de outro homem e usufruir da esposa dele, sem ser de modo algum convidado por ela, não sabe proteger sua própria família. Ou você é um deus estúpido, ou não tem nenhum senso de justiça.

[Anfitrião entra no palácio.]

CORO

[Estrofe]

Febo consegue entoar um lamento logo depois de uma canção alegre, tangendo com sua palheta de ouro sua lira de som adorável. Assim, quero louvar agora o homem que penetrou nas trevas do mundo abaixo de nós.

Não importa que o chame de filho de Zeus ou de Anfitrião. Aqui eu lhe ofereço esta canção, como se fosse uma coroa de louros, por consequência de seus trabalhos. Proezas realizadas com nobreza são o que glorificam os mortos.

[Mesode]

Primeiro, ele matou o leão no bosque de Zeus e passou a usar a pele da besta como manto e a cabeça como elmo.

[Antístrofe]

Depois disso, com suas flechas mortais, atacou os covis das montanhas onde viviam os selvagens centauros que galopavam, orgulhosos, senhores de toda Tessália, e exterminou-os com suas flechas aladas. Foram testemunhas dessa batalha Peneus, deus de um belíssimo rio, e também a planície coberta de boas safras, o povoado de Pélion e as casas nas encostas verdejantes de Homole, onde os centauros cortavam madeira para a fabricação de lanças.

[Epodo]

A seguir, abateu a corsa de chifres de ouro e pelo malhado, grande predadora dos campos, e dedicou a carcaça a Oenoe, a deusa caçadora.

[Estrofe]

Ele tomou a carruagem de Diomedes e, com freios e bridões, nela atrelou as quatro éguas cujas mandíbulas vorazes muito sangue haviam vertido em suas estrebarias mortais. Comedoras de carne humana eram essas éguas,[38] mas ali estavam reduzidas a animais de tração, que Herakles conduziu em sua travessia do Hebrus, de prateadas correntezas, para realizar mais um trabalho a mando do rei de Micenas.

[Mesode]

Mais tarde, dirigiu-se para as praias de Malia, ao longo das águas do Anaurus, onde matou com suas flechas Cycnus, estripador de estrangeiros que morava isolado de todos em Amphanae.

[Antístrofe]

A seguir, rumou para o Oeste até terra das virgens cantoras para colher com suas próprias mãos a maçã de ouro dos seus pomares, e com suas flechas abater a serpente cujas costas brilhavam feito chamas, uma sentinela que jamais qualquer mortal ousou desafiar, sempre enroscada, pronta para o bote. Além disso, ele se aventurou até o extremo dos mares, abrindo caminho para os viajantes mortais.

[Epodo]

Adiante, alcançou os domínios de Atlas e, enfiando as mãos por baixo do domo do firmamento, sustentou todo o peso da estrelada mansão dos deuses.

[Estrofe]

Depois atravessou o Grande Mar, que não recebe bem nenhum visitante, e chegou na região de Mareótis, conhecida por seus muitos rios por onde cavalgam as amazonas. De todas as partes da Hélade,[39] convocou

---

38 O mito mais corrente conta que, após domar as éguas carnívoras, Herakles atirou o dono, Diomedes, na baia, e ele foi devorado vivo pelos animais.

39 Hélade é a Grécia. Os romanos chamavam os helenos de *gregos*.

companheiros para se juntarem a ele na mortal missão de arrebatar o cinturão de ouro da túnica da filha de Ares. A Grécia ficou com o famoso butim tirado das amazonas, que em Micenas ficou guardado. Então, incinerou as muitas cabeças letais do monstro de Lerna, a Hidra, e embebeu no veneno dela as suas flechas, com as quais matou o pastor de três cabeças de Eritreia.

[Antístrofe]

Muitas outras proezas realizou, triunfando sempre, e então, como último de seus trabalhos, navegou pelo rio Estígio até o Hades, reino de lágrimas. Lá, depois de enfrentar inúmeros perigos, ele terminou seus dias, e não mais retornou. Os amigos desapareceram de sua casa. Seus filhos, com a vida ameaçada, foram desamparados pelos deuses e pela justiça. Nenhum outro lar, a não ser o barco de Caronte, os aguarda. Sua casa espera por você para salvá-la, Herakles, mas você não vem.

[Epodo]

Ah, se eu tivesse o vigor da minha juventude e pudesse brandir minha lança na batalha junto com meus companheiros, filhos de Cadmo, eu teria me colocado em defesa dessas crianças. Mas, na condição em que estou, o fogo que alimentou meus membros está extinto.

[Anfitrião, Megara e os filhos de Herakles deixam a casa.]

LÍDER DO CORO

Mas ali eu vejo, usando os trajes mortuários, os filhos do homem que outrora foi chamado de "o Poderoso Herakles". Vejo também sua amada esposa, trazendo-os à força, e o idoso pai de Herakles. Ah, que inútil sou eu. Já não posso conter as lágrimas derramadas por meus olhos cansados.

MEGARA

Muito bem, então. Quem fará o serviço do sacerdote? Quem cravará a faca que derramará nosso sangue desventurado? Aqui estão os animais para o sacrifício, prontos para serem lançados na estrada da morte.

Ó crianças! Estamos sob o jugo de um destino que ofende a decência. Somos uma procissão de mortos — o velho, os novos, os pais e os filhos juntos. Oh, que sorte amaldiçoada caiu sobre mim e essas crianças, a quem olho pela última vez. Eu lhes dei a vida, mas as criei para que fossem abatidas por nossos inimigos, que as ferirão e destruirão.

Ah, isso é muito duro! Como eram lindas as esperanças que as palavras de seu pai, anos atrás, semearam dentro de mim. No entanto, se revelaram mera ilusão.

[Para o garoto mais velho:]

Para você, seu pai morto deixaria Argos. Seria seu o palácio de Eristeu e você governaria a fértil Pelásia. Ele costumava colocar sobre sua cabeça a pele do leão que usava como armadura.

[Para o segundo filho:]

Você seria o rei de Tebas, dono de muitas carruagens preciosas, e receberia como herança a imensidão de terras que me pertencem. Ah, quando me lembro que você costumava pedir ao seu amoroso pai que o deixasse segurar sua clava feita de madeira...

[Ao terceiro:]

A você, ele prometeu a Pechalia, conquistada quando ainda era muito jovem, com as suas poderosas flechas. A seu modo, seu pai pretendia deixá-los muito bem, cada qual com seu reino, e confiava realizar suas promessas com todo o orgulho e ternura do seu coração. Minha tarefa seria selecionar a melhor esposa para cada um, fosse de Atenas, Esparta ou Tebas, e cuidar dos contratos de casamento, unindo solidamente vocês a suas esposas por laços que assegurassem a felicidade e a prosperidade.

Essa esperança também se esfacelou. Nossa sorte mudou e lhes trouxe criaturas malignas em vez de esposas, enquanto para mim, desgraçada que sou, me reservou somente lágrimas. É assim o ritual de que vou cuidar agora. O pai do seu pai promoverá o banquete de casamento, apresentando

Hades como o padrinho de seu matrimônio, numa cerimônia privada de toda alegria.

Ó meus pequenos, qual de vocês devo apertar contra meu coração primeiro? E qual será o último? A quem devo beijar? Qual devo abraçar? Se ao menos pudesse me afundar em seus gemidos, reunindo-os a todos, como se fossem o zumbido de um enxame de abelhas, e forjando-os em um único jorro de lágrimas!

Ó Herakles, meu amado. Se o desespero de algum mortal puder alcançar os ouvidos dos habitantes do Hades, escuta, então, meu chamado! A morte está sobre a cabeça de seu pai e de seus filhos. A ruína ameaça também a mim, que tantos e tantos no passado consideravam abençoada, somente por tê-lo como marido. Venha! Defenda-nos! Apareça diante de mim, mesmo como um fantasma. Venha, mesmo que somente uma visão, e isso bastará! Venha, impeça esses covardes de matarem seus filhos!

ANFITRIÃO

Continue com suas preces para vencer a morte, minha filha. Também eu ergo as mãos para as alturas e faço minha prece a você, Zeus. Se pretende ajudar essas crianças, venha em socorro delas agora, porque em breve será tarde demais. Já chamei por você muitas vezes. Minhas esperanças estão no fim. A morte parece inescapável.

[Para o Coro:]

Cavalheiros, a vida não é grande coisa. Atravessem-na o mais prazerosamente que puderem, fugindo à dor do alvorecer ao crepúsculo. O tempo não se preocupa em preservar nossas esperanças, apenas prossegue seu passo, dando importância apenas ao que lhe interessa. Vejam meu exemplo. Realizei grandes feitos no passado. Os olhos das pessoas eram atraídos por mim e, num único dia, a Fortuna arrancou-me tudo, tão facilmente quanto uma pluma é soprada para o céu. Riqueza, fama — o que pode possuir um homem que lhe seja garantido? Nada, pelo que sei. Adeus, vocês que são meus amigos desde os dias da minha juventude. É a última vez que nos encontramos sob a luz do sol.

MEGARA

Anfitrião! Veja! Será mesmo meu amado que vejo chegando? Pelos deuses, o que estou dizendo?

ANFITRIÃO

Não sei, minha filha. Eu também perdi agora as palavras.

MEGARA

É ele! O homem que, segundo nos disseram, estava no submundo. A não ser que eu esteja sonhando sob a luz do dia. Mas o que estou dizendo? Que *sonhos* são esses que acometem minha mente confusa? É seu filho, Anfitrião, e não poderia ser nenhuma outra criatura. Venham, crianças. Depressa! Agarrem-se ao manto de seu pai e não o larguem de modo algum. Ele é o salvador de nossas vidas, tanto quanto seria se aqui se apresentasse o próprio Zeus, o protetor do Universo!

[Herakles entra no palco.]

HERAKLES

Saudações, minha cidade! E você, lar que eu amo tanto! Que alegria encontrá-los agora que retornei à luz do sol.

Mas o que estou vendo? Minhas crianças na frente da casa, vestindo trajes mortuários e com coroas fúnebres em suas cabeças? E também uma multidão de homens e... ali estão meu pai e minha esposa.

Mas o que pode ter acontecido para que chorem tanto assim? Tenho de descobrir imediatamente o que houve aqui.

[Para Megara:]

Minha amada esposa, o que está acontecendo?

ANFITRIÃO

Ó luz que retorna aos meus olhos!

MEGARA

Você está mesmo aqui? Chegou a salvo para socorrer sua família nesta hora de desespero?

HERAKLES

Mas do que estão falando? Pai, o que está acontecendo aqui?

MEGARA

Estamos sendo destruídos.

[Para Anfitrião:]

Perdoe-me, senhor. Estou usurpando seu direito de responder ao seu filho. Nós, mulheres, somos mais emotivas do que os homens. Mas, compreendam, minhas crianças estavam prestes a ser assassinadas, assim como eu.

HERAKLES

Por meu irmão Apolo! Fale você mesma, minha esposa.

MEGARA

Meus irmãos estão mortos, e também meu idoso pai.

HERAKLES

Como? Mas o que aconteceu com eles? Quem é o culpado por tamanha tragédia?

MEGARA

Licos, o novo senhor de Tebas, foi quem os matou.

HERAKLES

Ele provocou uma guerra civil na nossa cidade? Houve quem o defendesse?

MEGARA

A cidade ficou dividida, mas, no final, Licos tomou o poder sobre Tebas, a cidade das sete portas.

HERAKLES

Como pode tamanho horror cair sobre vocês na minha ausência?

MEGARA

Ele estava prestes a matar seu pai, a mim e nossos filhos.

HERAKLES

O que está dizendo? Meus filhos indefesos... O que o faria temê-los a ponto de cometer essa atrocidade?

MEGARA

Tem medo de que algum dia quisessem vingar a morte do meu pai.

HERAKLES

E por que as crianças estão vestidas desse modo, como se estivessem para ser queimadas na pira mortuária?

MEGARA

Foi a única concessão de Licos, que nos deixou vestir os trajes apropriados para o funeral, antes de nos trucidar.

HERAKLES

Ele ia matar todos vocês...? Não suporto escutar mais nada.

MEGARA

Não tínhamos ao nosso lado ninguém que pudesse nos valer. E fomos avisados de que você havia morrido.

HERAKLES

E quem trouxe essa notícia?

MEGARA

Os arautos de Eristeu. Estavam triunfantes.

HERAKLES

Mas por que abandonaram nossa casa, nosso lar?

MEGARA

Fomos forçados a isso. Seu pai foi arrancado da cama onde dormia e...

HERAKLES

O quê? Não tiveram vergonha de tratar assim um homem idoso?

MEGARA

Vergonha? Essa é uma deusa que Licos não cultua, sequer respeita.

HERAKLES

E todos os nossos amigos nos abandonaram?

MEGARA

Que amigos restam a um homem quando a sorte se vira contra ele?

HERAKLES

Mas foi tão fácil para todos esquecerem os serviços que prestei a Tebas? Minhas batalhas contra os minianos?

MEGARA

Vou repetir… O infortúnio traz o fim das amizades.

HERAKLES

Então, tirem essas coroas que afligem suas cabeças e deixem que a luz da esperança retorne aos seus olhos.

Que eles não mirem mais a escuridão, mas que deem as boas-vindas à luz do dia. Chega de sofrimento: vou tomar providências imediatamente. Primeiro, vou até o palácio e expulsarei de lá esse rei recém-chegado. Vou cortar sua cabeça ímpia e atirá-la para os cães. Quanto aos demais cidadãos de Tebas, aqueles que eu considerar culpados de deslealdade em relação à generosidade que sempre lhes demonstrei, vou esmagá-los com esta clava, com a qual obtive muitas das minhas vitórias.

Outros traidores, os abaterei com minhas flechas voadoras e, depois, encherei o Ismenus com seus corpos ensanguentados. Farei as águas prateadas do Dirce verterem correntezas de sangue. Haverá no mundo alguém cuja proteção me caiba em grau mais alto do que minha esposa, meus filhos e meu idoso pai? Adeus aos meus trabalhos! São todos sem sentido se fracassei em cuidar da minha família! Então, esses meninos morreriam por culpa do seu pai? Ora, eu é que devo morrer em defesa deles. Por ordem de Euristeu, enfrentei a Hidra e o leão caído da Lua. Mas que honra posso reivindicar desses feitos, se não me superar justamente no momento em que meus filhos estão com a vida em perigo? Aqui e agora abro mão do título de Herakles, o Triunfante!

LÍDER DO CORO

É certo que um pai socorra seus filhos, assim como o ancião, seu pai, e sua esposa.

ANFITRIÃO

É típico de você, meu filho, amar seus amigos e detestar seus inimigos. Mas não se precipite.

HERAKLES

E o que o senhor considera como precipitação no que pretendo fazer, meu pai?

ANFITRIÃO

Há, em Tebas, muitos homens que perderam grande parte do que possuíam por viverem num padrão acima de seus recursos. Foram esses que espalharam a insatisfação e que levaram a cidade a avançar sobre as riquezas de seus vizinhos. São pessoas que cultivam o ócio e que, quando o viram entrar na cidade, provavelmente correram a alertar nossos inimigos, e estes tiveram tempo o bastante para se prepararem para enfrentá-lo. Você tem de agir com cautela para não ser pego numa cilada.

HERAKLES

Normalmente, não me importaria que a cidade inteira estivesse contra mim. No entanto, vi um aviso: um pássaro estranho empoleirado na entrada da cidade. Assim, percebi que minha família estava em perigo e entrei em uma passagem secreta.

ANFITRIÃO

Muito bom! Agora vá para sua casa e agradeça a Héstia pelo seu retorno a salvo. Deixe que o lar de seus ancestrais o reconheça. O rei virá prender pessoalmente sua esposa e seus filhos para levá-los para a execução, bem como a mim. Fique lá dentro, oculto, e encontrará tudo de que precisa para o seu êxito, sem correr riscos.

Quanto aos nossos concidadãos, meu filho, não os provoque por enquanto, pelo menos até concluir esse assunto.

HERAKLES

É um bom conselho, meu pai. Vou ficar escondido dentro da nossa casa. Agora que retornei das cavernas privadas do sol, onde reinam Hades e Perséfone, não negligenciarei minhas obrigações para com os deuses. Devo prestar meus respeitos aos Imortais por terem me permitido retornar ao meu lar.

ANFITRIÃO

Então é verdade! Você realmente desceu aos domínios de Hades!

HERAKLES

Sim, meu pai. E trouxe de lá a besta de três cabeças chamada Cérbero.

ANFITRIÃO

Você o derrotou numa luta ou foi um presente dos deuses?

HERAKLES

Tive de vencê-lo numa luta. Compareci aos rituais sagrados dos iniciados e isso fez a sorte sorrir para mim no combate.

ANFITRIÃO

E onde está a besta agora? No palácio de Eristeu?

HERAKLES

Seu lar agora é Hermione. Ela habita os bosques da Mãe-Terra.[40]

---

40 O mito mais disseminado conta que o rei Eristeu exigiu que Cérbero fosse trazido a ele, o que Herakles fez, mas então o rei, apavorado, se escondeu, berrando que o levasse dali. Então, Herakles o devolveu a Hades, seu dono. Aqui, diz-se que Herakles o deixou aos cuidados da deusa Deméter — a Mãe-Terra — em um dos lugares em que a cultuavam na Grécia.

ANFITRIÃO

Eristeu já sabe do seu retorno?

HERAKLES

Sabe, mas decidi, ainda bem, vir primeiro para cá para verificar como estavam meus entes amados.

ANFITRIÃO

Mas por que você se demorou tanto no submundo dos mortos?

HERAKLES

O que me atrasou foi trazer Teseu do Hades, meu pai.

ANFITRIÃO

E onde ele está? Já retornou à terra de seus ancestrais?

HERAKLES

Foi para Atenas, muito contente por ter escapado do submundo. Mas agora, crianças, venham. Entrem comigo em nossa casa. Estão mais felizes de entrar do que estavam ao sair. Sejam bravos e parem de chorar. E você, minha esposa, recomponha-se e pare de tremer.

Larguem meu manto. Não vou fugir voando nem tentar me esconder de vocês.

Ah, meus filhos não querem me largar. Pelo contrário, se agarram mais ainda às minhas vestes. Estiveram então tão perto assim da morte? Bem, calma agora, venham, me deem as suas mãos. Vou puxá-los assim, como um navio rebocando barcos menores. Não desgosto de cuidar de crianças. Em vários aspectos, os homens são semelhantes, sejam de nascimento nobre, sejam de nascimento humilde. Todos amam seus filhos. Podem ter riqueza desigual — alguns têm, outros não —, mas todos os seres humanos amam seus filhos.

CORO

[Estrofe]

O que amamos é a juventude. A velhice pesa sobre minha cabeça como um fardo mais pesado que os rochedos do Etna, encobrindo a luz dos meus olhos, que só enxergam escuridão. Não desejaria a riqueza de um soberano asiático, nem um palácio repleto de ouro, não mais do que tornar a ser jovem. Juventude é a melhor das dádivas na prosperidade, mas também sem igual na pobreza. Já a velhice — melancólica e enferma — é o que mais odeio no mundo. Que ela pudesse afundar nas ondas e jamais se abater sobre os lares dos mortais. Que crie asas e voe para longe sem jamais retornar.

[Antístrofe]

Se os deuses possuíssem a sabedoria e o discernimento dos mortais, concederiam como prêmio uma segunda juventude para os que vivessem na virtude. Depois da morte, esses homens retornariam ao mundo solar para uma segunda existência. Já espíritos ignóbeis teriam apenas uma vida. Assim, os homens justos poderiam ser distinguidos pelos seus atos, como um marinheiro avista uma constelação, mesmo cercada de nuvens. Do jeito como é, os deuses não nos concedem meios para identificarmos os bons e os maus, e o tempo de vida de um homem, enquanto se esgota, serve unicamente para acumular riquezas.

[Estrofe]

Não desistirei de me juntar às Graças com as Musas em uma feliz e bela união. Que eu jamais viva sem as dádivas das Musas, e que possa sempre envergar a minha própria coroa. Embora seja um cantor idoso, ainda posso bem alto celebrar a Memória. Ainda posso louvar as grandes vitórias de Herakles, seja quando o vinho dá poder à voz, seja quando a música soa nos sete tons da lira de casco da tartaruga ou da flauta líbia. Ainda não estou tão velho que não possa louvar as Musas que põem meus pés para dançar.

[Antístrofe]

As virgens de Delos entoam seus cânticos triunfais a céu aberto, fora dos templos, quando louvam o filho de Leto,[41] a abençoada criança. E rodopiam incansáveis em sua lindíssima dança. Já eu canto seus triunfos nos portais. Sou um cantor idoso manifestando sua alegria, como os cisnes, com minha velha garganta. Virtude é o tema da minha canção. Ele é o filho de Zeus, e mais se sobressai pela grandeza do seu coração do que pela do seu berço. Foi ele quem trouxe serenidade aos homens em meio a um oceano de adversidades habitado por bestas devastadoras.

[Licos entra no palco acompanhado por seus servos. Anfitrião sai do palácio.]

LICOS
Bem a tempo você sai desse palácio, Anfitrião. Já retardou demais o que deve acontecer. Que todos saiam, então, vestindo os trajes mortuários. E depressa, eu ordeno. Vá dizer à esposa de Herakles e aos filhos dele que saiam também. Afinal, são os termos do acordo que fizemos. Agora, devem voluntariamente se entregar à morte.

ANFITRIÃO
Ó rei, desrespeitando a fragilidade em que me encontro, você me perseguiu e lançou insultos contra mim, para minha consternação. Deveria ter contido sua arrogância, até mesmo por todo o poder que possui. Mas, já que nos empurra para a morte, devemos ceder, nada mais. Você será obedecido.

LICOS
Então, onde está Megara? E os filhos do filho de Alcmena?

ANFITRIÃO
Daqui onde me encontro, penso que...

---

41 As virgens de Delos eram as sacerdotisas do famoso oráculo, sagrado em toda a Grécia, e dedicado a Apolo, filho de Zeus e da ninfa Leto. Apolo era irmão gêmeo de Ártemis.

LICOS

Você ainda pensa? Já deveria ter chegado às conclusões.

ANFITRIÃO

... ela esteja proferindo suas súplicas no sagrado altar de Héstia...

LICOS

Aí está uma suplicante que desperdiça seu fôlego. Ela não escapará à morte!

ANFITRIÃO

... e ainda chamando em vão pelo marido morto.

LICOS

Ele não está aqui. E jamais voltará para ela.

ANFITRIÃO

Não, é verdade. A não ser que algum deus o levante dos mortos.

LICOS

Vá até ela e a arranque de dentro do palácio.

ANFITRIÃO

Se fizesse isso, estaria sendo cúmplice de seu assassinato.

LICOS

Então, já que você tem esses escrúpulos, eu próprio os trarei à força para fora, mãe e filhos, todos juntos. Não me perturbo com detalhes. Homens, me acompanhem. Preciso terminar logo esse assunto para poder alegrar meu coração.

[Licos e os servos entram no palácio.]

ANFITRIÃO

Perfeito. Vão. Atendam ao chamado do Destino. Vão encontrar alguém lá dentro que cuidará para que não faltem ao compromisso. Não lamentarei. Vocês agiram brutalmente contra nós, então terão a brutalidade à sua espera.

[Para o Coro:]

Senhores, lá vai ele. Sua hora chegou, seu covarde de coração duro. E ele pensa que vai matar suas vítimas, mas vai cair numa cilada. O que o espera é a ponta de uma espada. E vou entrar também para assistir à sua morte. Nada me dá mais prazer do que ver um inimigo morrer pagando assim o preço pelas suas maldades.

[Anfitrião entra no palácio.]

CORO
[Estrofe]

A dor trocou de lado. Aquele que já foi um rei poderoso vira seus cavalos na direção do Hades, seguindo sua derradeira trilha. Salve a Justiça! Salve o Destino que desce como uma torrente dos céus!

LÍDER DO CORO
Finalmente chegou a hora em que a morte lhe dará o castigo por sua insolência contra pessoas muito melhores do que ele.

CORO
Lágrimas de felicidade correm dos meus olhos. Herakles voltou. O rei de Tebas voltou. Já não tinha esperança de viver tamanha alegria.

LÍDER DO CORO
Vamos, senhores, vamos ver o que houve no interior do palácio. Não podemos perder o espetáculo de ver sofrer alguém que desejamos que sofra.

[Um grito de dor vem do interior do palácio.]

LICOS

[Lá de dentro:]

Socorro! Me ajudem!

CORO

[Antístrofe]

Já começou a luta no interior da casa. A luta que eu mais desejava escutar. A morte do tirano está próxima. Os gritos do rei são um prelúdio para o momento em que seu sangue esguichará fartamente.

LICOS

Ó terra de Cadmo, estou sendo assassinado à traição!

LÍDER DO CORO

Isso mesmo! E só porque você é um assassino. Aproveite bem a punição pelos atos que praticou contra todos nós.

CORO

Quem era ele, esse mortal que, ofendendo aos deuses, pisoteou as leis, desafiando os habitantes do Olimpo, como se os deuses não tivessem poder para puni-lo?

LÍDER DO CORO

Senhores, o infame está morto. Há silêncio agora dentro do palácio. Vamos iniciar nossa dança.

CORO

[Estrofe]

Dançar! Dançar! E que os festejos se espalhem por toda Tebas, a cidade sagrada. Lágrimas de dor transformaram-se em alegria. E essa mudança feliz fez nascer novas canções. Nosso novo rei está morto e nosso antigo monarca reina de novo, vindo do porto de Acheron e navegando até aqui. Minhas preces foram atendidas. Nem eu esperava tanto!

[Antístrofe]

Os deuses dirigem o destino dos homens bons e dos maus. Às vezes, a riqueza e as conquistas acarretam a injustiça, desviam o coração dos homens e os fazem até mesmo perder a sanidade. Isso porque ninguém parece se deter para pensar que o tempo tudo pode reverter. Desdenhar das leis e promover a infâmia pode levar à destruição da escura carruagem da prosperidade.

[Estrofe]

Ismeno,[42] ponha as guirlandas! E você, deixe limpas as ruas de nossa cidade de sete portas. Venha, Dirce, fonte de águas puras, comece sua dança. Vocês, ninfas de Asopo, venham também, deixem a correnteza de seu pai e se juntem a nós, cantando hinos que celebrem a vitória de Herakles.

Você, penhasco de Pitho, coroado de árvores, e vocês, abrigos das Musas no Helicon,[43] exaltem com retumbantes gritos de alegria minha cidade e suas muralhas, onde a raça dos homens semeados[44] surgiu, a falange de soldados de escudos de bronze que legaram esta terra para os filhos de seus filhos, sagrada herança eterna de Tebas.

[Antístrofe]

Ó leito conjugal, que dá as boas-vindas ao casal amoroso, ela, uma mortal, ele, o filho de Zeus, que veio a nós para possuir a descendente de Perseu. Sempre acreditei, Zeus, nessa sua união com Alcmena, mesmo

---

42 Ismeno é um deus dos rios, ou um deus-rio. Na mitologia grega, é tido como um dos possíveis pais de Dirce, uma ninfa, casada com o usurpador Licos. Outro apontado como pai de Dirce, e também de outras ninfas, é Asopo, outro deus fluvial. Trata-se de entidades menores, locais.

43 O monte Helicon é a morada das Musas.

44 Homens semeados por Cadmo, que utilizou como semente os dentes do dragão que derrotou. É o mito da fundação de Tebas e da criação do alfabeto, já que cada guerreiro semeado correspondia a uma letra. O alfabeto grego tem sua origem no fenício, o primeiro alfabeto conhecido — que associava um sinal a um fonema.

tendo sido, em certas ocasiões, difícil de dar crédito a essa história. Mas o tempo revelou o valor sem igual de Herakles, que agora emerge das câmaras do reino da morte. Aos meus olhos, Herakles, você é um rei muito superior àquele rei ignóbil, cuja vida você ceifou. E não somente eu. Todos que viram a força de sua espada compreendem que a justiça ainda tem lugar no mundo.

[Íris e a Loucura chegam ao palácio. O Coro as vê horrorizado.]

Vejam! Vejam! Fomos todos de repente tomados pelo mesmo calafrio de terror? Que espectros são aqueles que descem sobre a casa?

Corram! Movam essas pernas cansadas e corram! Vamos fugir! Ó rei protetor! Afaste de mim a calamidade!

ÍRIS

Coragem, velho! Não comece a tremer ao ver a Loucura, filha da Noite, e a mim, Íris, aquela que executa as ordens dos deuses. Não estamos aqui com a tarefa de fazer mal algum a Tebas, mas para atacar o lar de um único homem, aquele que dizem ser filho de Zeus e de Alcmena. Antes que ele tivesse cumprido os seus Doze Trabalhos,[45] era protegido pela Fortuna, e Zeus, seu pai, não permitiria que Hera ou eu lhe fizesse mal. Mas agora que ele realizou todas as proezas que Eristeu lhe exigiu, Hera deseja lançar sobre ele a mancha de assassino de crianças, fazendo-o matar seus filhos. E eu serei aquela que o induzirei a esse ato, em parceria com a esposa de Zeus.

Venha, agora, virgem negra da noite, permita que a maldade impregne o seu coração. Que a fúria possua esse homem, torcendo sua mente para fazê-lo chacinar seus filhos. Que os membros dele ajam sem controle e que o instinto assassino o domine. Que ele, com suas próprias mãos, mande seus amados filhos atravessarem as correntezas do Acheron para o outro mundo. Só assim conhecerá toda a intensidade do ódio de Hera

---

45 No mito mais corrente, os trabalhos foram, como já assinalado, um ardil de Hera para provocar a morte de Herakles, fazendo-o enfrentar perigos inimagináveis mesmo para outros heróis ou semideuses.

contra ele. Além disso, descobrirá também o quanto o odeio. Se assim não for, os deuses serão desmoralizados, ninguém mais os temerá e os mortais se tornarão senhores do mundo.

LOUCURA

Meu pai é um nobre e também minha mãe. Sou filha da Noite, que nasceu do jorro de sangue de Urano.[46] A missão que me traz aqui não me dá prazer. Não aprecio ter de visitar esses mortais de quem tanto gosto. Ouçam meu conselho, Hera e Íris, antes que cometam uma injustiça. Esse homem, cuja família vocês me mandam destruir, é famoso tanto nas alturas quanto na Terra. Ele alcançou terras inexploradas até então e atravessou mares infestados de bestas. Quando os ímpios tentaram acabar com o culto aos deuses, ele, com sua coragem, restabeleceu o comportamento devido em relação aos Imortais. Não posso portanto aprovar a sua determinação de destruir os que ele mais ama na vida.

ÍRIS

Não cabe a você objetar a planos feitos por Hera e por mim.

LOUCURA

Tento apenas evitar que cometam um ato tão perverso.

ÍRIS

Eu insisto. Não foi para que exercitasse sua capacidade de julgamento que a esposa de Zeus a enviou até aqui.

LOUCURA

Faço do Sol testemunha de que estou agindo contra a minha vontade. Se está determinado pelo destino que devo ajudar você e Hera, então eu o farei. Nem mesmo os mares em tormenta com suas raivosas ondas, nem o terremoto, nem o cortante raio disparando a agonia demonstrarão tanta fúria quanto eu nessa ferida com que vou rasgar o peito de Herakles. Vou despedaçar seu coração, sua família, e fazer com que ponha o seu palácio

---

46 Quando o Deus Antigo (Urano) foi castrado por seu filho Cronos.

abaixo, depois de matar seus filhos. Mas o possuído não saberá que matou seus filhos até se ver livre de meu domínio sobre sua mente.

Então, veja! Ele já balança a cabeça e emudecido revira seus olhos, que agora, retorcidos, irradiam terror. Ele já não controla sua respiração e começa a rosnar medonhamente, como um touro prestes a disparar em carga cega. Já se tornou minha presa, e invoco as piores criaturas do Hades para me ajudarem a atormentá-lo. Que ele as enxergue em torno dele, embora estejam invisíveis aos demais.

[Para Herakles:]

Ah, logo eu o porei para dançar alucinadamente. Vou tocar minha flauta e seus pés se tomarão de pânico.

[Para Íris:]

Vá depressa para o Olimpo, Íris. Vou entrar sorrateiramente na casa de Herakles.

CORO

Que tragédia! Ah, pobre Grécia, o seu orgulho, Herakles, filho de Zeus, está sendo destruído. A insanidade zumbe em seus ouvidos e ocupa sua mente. Nada restará de seu espírito, e ele jamais recuperará a paz. Você é que perderá, Grécia. Perderá um defensor, um guerreiro, um comandante de exércitos.

A Loucura, mãe da Desgraça, já monta em sua carruagem e espalha a devastação com um olhar de pedra. E conduz sua legião de bestas, górgonas filhas da Noite como ela, todas sibilando como cabeças de uma centena de serpentes.

Traiçoeira, a Fortuna se voltou contra o êxito desse homem. E logo ele matará os filhos com suas próprias mãos.

Zeus, eles são seus netos! Como pode permitir isso, por medo de contrapor-se a Hera? Você, que a castigou por atrapalhar seus caprichos com Ganimedes,[47] não intervirá agora?

---

47 Zeus, sob a forma de águia, raptou o belo Ganimedes, adolescente troiano, e o levou para o Olimpo. Hera, ciumenta, surrou Ganimedes, mas Zeus a castigou.

ANFITRIÃO

[Do interior:]

Piedade! Meu filho, piedade!

CORO

Ó Zeus, que vingança injusta é essa! Sua esposa sacrifica sangue de inocentes pelo adultério que você cometeu.

ANFITRIÃO

Ó paredes deste palácio! Quem me ajuda?

CORO

A dança começa. Mas sem címbalos. E sem a bênção de Dioniso.[48]

ANFITRIÃO

Minha família! Como pode? Como pode?

CORO

A dança pede sangue, não o vinho de Dioniso.

ANFITRIÃO

Corram, meninos! Fujam!

CORO

Assassinato! Assassinato! E, ao som da flauta da Loucura, Herakles persegue inclemente seus filhos. A Loucura jamais atiça seus poderes em vão.

ANFITRIÃO

Não!!! Não!!!

---

48 Alusão a uma cerimônia festiva em homenagem ao deus Dioniso.

CORO

Ah, tragédia. Ah, horror! Como lamento a desgraça desse avô idoso e da mulher que deu à luz esses meninos e os criou. Tudo inútil! Vejam! Vejam! As paredes do palácio estremecem como se sacudidas por uma tempestade.

ANFITRIÃO

[Do interior da casa, fora de cena:]

O que você está fazendo com nossa casa, filha de Zeus? Oh, Palas! Por que quer nos destruir?

[Parte do palácio desaba. Um mensageiro entra em cena, lamentando-se e contracenando com o Coro.]

MENSAGEIRO

Ó meus senhores de cabelos brancos...

CORO

O que hesita em nos contar? Por que sua voz está tão agoniada?

MENSAGEIRO

O que aconteceu dentro desse palácio... é abominável!

CORO

Já imaginava isso.

MENSAGEIRO

Os meninos foram mortos.

CORO

Não! Não!

MENSAGEIRO

Sim, chorem. E ainda há mais a lamentar!

CORO

Mas que ato cruel e brutal. Um pai jamais deveria ser capaz de fazer isso.

MENSAGEIRO

A tragédia que aconteceu ali dentro está além do que se pode contar.

CORO

Pode nos dizer o que esse pai fez com seus filhos? No entanto, não precisa contar em detalhes o sofrimento das crianças. Apenas nos diga como a destruição encomendada por uma deusa se abateu sobre essa casa.

MENSAGEIRO

Foi diante do altar de Zeus que Herakles matou Licos, e depois atirou seu corpo para fora da casa. Assim, para purificar esse lar, foram reservados animais para o sacrifício. A família, inclusive os meninos — belas crianças eles eram —, se reuniu naquele lugar sagrado para orar ao Senhor dos Deuses como agradecimento por terem sido salvos. O cesto já havia sido carregado em volta do altar e todos mantinham respeitoso silêncio.

Logo, o filho de Alcmena se pôs de pé, sem pronunciar uma palavra sequer, inclinando-se para mergulhar a tocha que conduzia na mão direita na água sagrada. Mas Herakles se deteve, subitamente, atraindo os olhares espantados de seus filhos. Ele estava diferente. Revirava os olhos, aflito, e as veias saltavam em seu pescoço. Uma baba começou a escorrer por sua barba espessa.

Então, com um sorriso alucinado, disse ele: "Pai, por que estou oferecendo sacrifícios e, portanto, o fogo de purificação, se ainda preciso matar Euristeu? É somente trabalho dobrado. Estas minhas mãos não precisam de mais do que uma cerimônia para acertar minhas dívidas. Quando eu tiver trazido a cabeça de Euristeu para cá, aí sim vou purificar minhas mãos do sangue que terei derramado — por ele e pelos homens que acabei de matar hoje. Vocês aí, joguem fora a água! Ponham no chão as cestas! Me deem meu arco, um de vocês, e o outro, minha clava, que tantas vidas já exterminou. Vou agora mesmo para Micenas. Levarei minhas armas mais pesadas e meu machado com gume mais afiado para arrasar aquelas muralhas erguidas pelos ciclopes, que as fizeram de rocha, bem alinhadas com o prumo e com suas arestas aparadas com cinzel."

Assim, saiu da casa e, embora não tivesse carruagem nenhuma esperando por ele, nosso amo agia como se houvesse, subindo à boleia, instalando-se lá em cima, e tomando o agulhão para atiçar os cavalos. Só que não havia nem cavalos nem aguilhão em suas mãos. Todos os criados ficaram espantados, sem saber o que fazer. Apavorados, trocaram olhares, até que um deles disse: "Nosso amo está fazendo uma piada ou perdeu mesmo a razão?"

Mas Herakles continuava correndo de um lado para o outro. Irrompeu no salão, gritando que havia chegado à cidade de Nisus, e então avançou alguns passos e se jogou esparramado no chão, começando a preparar uma refeição. Dali a pouco, berrou que estava entrando nas florestas da planície do Istmo, onde permaneceria por algum tempo. A seguir, tirou seu manto, despiu-se e começou a competir em disputas esportivas com adversários que somente ele enxergava. Ficava pedindo o silêncio da plateia e se proclamando vencedor, embora não houvesse derrotado ninguém. A seguir, em sua imaginação, foi para Micenas, berrando ameaças contra Euristeu.

Foi então que seu pai agarrou a poderosa mão de Herakles e disse: "Meu filho, o que está acontecendo com você? Por que está se comportando de modo tão absurdo? Tem certeza de que o sangue que você derramou ao matar Licos e seus cúmplices não afetou seu juízo?"

Porém, Herakles, pensando que fosse o pai de Euristeu detendo a sua mão, com uma súplica para que o filho fosse poupado, lançou-o longe e armou seu arco contra seus próprios filhos, achando que matava os filhos de Euristeu. Aterrorizados, os meninos tentaram fugir. Um deles se enfiou por baixo da túnica de sua pobre mãe, outro se abrigou atrás de uma coluna e o terceiro encolheu-se como um pequeno pássaro atrás do altar.

Megara berrou: "Herakles, meu amado! O que está fazendo? Vai matar seus filhos?" O avô das crianças, Anfitrião, juntamente com uma multidão de servos, gritaram apelos semelhantes.

Herakles, contudo, começou a correr em torno da coluna com assustadora rapidez e, encarando o menino que lá estava, disparou sua flecha. A coluna se cobriu de sangue, enquanto a criança caía, morta.

Herakles gritou triunfante, comemorando: "Um filho de Euristeu já está morto. Pagou com seu sangue pelo ódio que o pai tem contra mim."

A seguir, apontou o arco contra outro menino, que se agachou na base do altar, pensando que havia se ocultado aos olhos do pai. O pobre menino, porém, ao perceber que seria o próximo, engatinhou o mais depressa que pôde em direção ao seu pai, a quem abraçou pelos joelhos, e depois, erguendo-se para tocar as faces e o pescoço de Herakles, implorou: "Pai, meu querido pai, não me mate! Sou seu filho! Você não está matando um filho de Euristeu!"

Porém, os olhos de Herakles eram como os de uma Górgona[49] — selvagens, girando. Como o menino estava perto demais para ser morto com uma flechada, ele girou sua clava por sobre a cabeça da criança e a atingiu como um ferreiro malha o ferro em brasa, esmagando-lhe o crânio.

Tendo assassinado seu segundo filho, partiu para cima do terceiro, pretendendo fazer com que se juntasse aos irmãos. Mas a mãe, infeliz mulher, foi mais rápida, agarrou o menino e correu para uma outra sala, bloqueando a porta.

Herakles agora pensava que estava diante das muralhas erguidas pelos ciclopes. Ele investiu contra a porta e, golpeando-a com um machado, a pôs abaixo. Em seguida, com a mesma flecha, abateu mãe e filho, que estavam abraçados.

Avançou, então, contra seu pai, mas um espectro interveio: era a deusa Palas Atena, que se revelou a nós, brandindo sua lança e seu escudo. Ela arremessou uma rocha contra o peito de Herakles, deixando-o sem sentidos. Quando ele bateu no chão, foi de encontro a uma coluna, que se partiu em duas, provocando o desabamento do teto.

Havíamos fugido, mas nesse instante voltamos e ajudamos o velho Anfitrião a amarrar Herakles a uma outra coluna com fortes cordas para impedi-lo de cometer mais crimes. Quando o deixamos, ainda estava desmaiado. Pobre desgraçado. Não dorme o sono abençoado porque logo saberá que matou sua mulher e seus filhos.

[Sai o mensageiro.]

---

49 Terríveis irmãs, Medusa, Esteno e Euríale. Tinham serpentes na cabeça, no lugar de cabelos, e seu olhar transformava as pessoas em pedra.

CORO

No passado, o assassinato perpetrado pelas filhas de Danao contra os filhos de Egito[50] foi o que mais repercutiu em toda a Grécia. Mas essa tragédia de hoje supera qualquer outra. Posso até lembrar que Procne[51] matou seu filho, sacrificando seu sangue às Musas, mas era seu filho único, enquanto você, infeliz Herakles, na sua violência e loucura, matou seus três filhos e sua devotada e amorosa esposa.

Ah, que lamento, que canto fúnebre entoarei para os mortos? Qual dança da morte devo executar?

[Os portões do palácio se abrem, e são trazidos os corpos de Megara e de seus filhos. Herakles, amarrado, também é trazido ao palco.]

Olhem! Olhem! As orgulhosas portas do palácio se abrem. A visão é insuportável! Lá estão os corpos ensanguentados, as pobres crianças, junto do seu enlouquecido pai, que ainda não acordou. Ele dorme depois de assassinar os filhos — um sono medonho!

[Anfitrião sai do palácio.]

LÍDER DO CORO

E lá vem o ancião! Em passos lentos e dolorosos, lamentando a perda de seus preciosos netos, como um pássaro chora por seus filhotes, mortos ainda no ninho.

ANFITRIÃO

Silêncio, anciãos da cidade de Cadmo! Quietos, todos. Herakles dorme. Enquanto repousa em seu sono, está a salvo da dor pelo crime que cometeu.

---

50 Danao tinha cinquenta filhas, que se casaram com os cinquenta filhos de Egito. No entanto, Danao as instruiu a matar seus maridos, na noite de núpcias, o que elas fizeram, exceto Hipenestra ou Amimone.

51 Procne tinha uma irmã gêmea, Filomela, e era casada com Tereu, que a violentou, e Procne o matou.

CORO

Choro lágrimas de luto por você, bom velho, por seus netos, pelo glorioso conquistador!

ANFITRIÃO

Afastem-se! Nada de canções! Nenhuma palavra! Ele descansa tranquilamente no esquecimento do sono. Não o despertem!

CORO

Ah, quanto sangue! Quanto sangue!

ANFITRIÃO

Chega! Vocês estão decretando minha morte!

CORO

O sangue que ele derramou se voltará contra ele!

ANFITRIÃO

Por favor! Falem baixo! Se ele acordar, romperá suas amarras e destruirá a cidade. Além disso, assassinará seu pai e derrubará o próprio palácio.

CORO

Não podemos evitar isso! Não podemos!

ANFITRIÃO

Silêncio! Deixem-me ver como está respirando. Vou aproximar meu ouvido...

CORO

Ele dorme?

ANFITRIÃO

Sim, dorme. Não é um sono de verdade, mas o sono da culpa.

CORO

Então, chore pelos seus mortos.

ANFITRIÃO

Estou fazendo isso.

CORO

Por essas crianças mortas.

ANFITRIÃO

Como dói!

CORO

Pelo seu filho!

ANFITRIÃO

Ah!

CORO

Bom velho…

ANFITRIÃO

Quietos! Quietos! Ele está acordando. Já se vira, se remexe. Venham, vamos nos esconder. Temos de entrar no palácio.

CORO

Não tema! Ainda é noite para o seu filho.

ANFITRIÃO

Cuidado! Cuidado! Não tenho medo de morrer. Sou um desgraçado cuja vida foi destruída. Temo que Herakles, se matar seu pai, some mais sangue de um parente a ser cobrado dele pelas Fúrias aladas…

CORO

Melhor seria para você ter morrido quando retornou depois de ter vingado sua mulher, derrotando os tafoseanos[52] que haviam assassinado o irmão dela. Melhor que jamais tivesse saqueado a cidade deles, que o mar circunda.

ANFITRIÃO

Fujam, nobres amigos! Fujam para bem longe do palácio! Escapem desse louco que acorda agora. Logo ele vai atravessar a cidade dos cadmeus, destruindo tudo e matando todos que encontrar.

LÍDER DO CORO

Ó Zeus! Por que sente tanto ódio desse seu filho? Por que o lançou nesse oceano de infortúnios?

[Anfitrião e o Coro afastam-se um pouco de Herakles. Ele acorda com um urro.]

HERAKLES

Ah! Estou vivo! Sobrevivi ao combate! Aqui estão o céu, a terra, os restos de luz do dia. No entanto, minha cabeça rodopia e tudo está confuso. E por que minha respiração está tão quente e ofegante? Mas o que é isso? Por que estou aqui neste chão, amarrado como um barco? Por que estas cordas prendem meu peito e meus braços? Por que estou cercado de cadáveres e minhas flechas certeiras estão espalhadas pelo chão? Mas por que, se elas sempre me preservaram do perigo, e por isso sempre cuidei bem delas? É claro que não desci de novo ao Hades, já que acabei de chegar de lá, concluindo mais um trabalho que Euristeu me deu. Não, não estou no Hades. Não vejo Sísifo[53] empurrando seu rochedo montanha

---

52 Ver a peça anterior, *Anfitrião*, de Plauto, neste volume.

53 Um dos Titãs, irmão de Cronos, derrotado por Zeus e seus irmãos na guerra que deu início ao Universo. Seu castigo foi ser jogado no Tártaro, a região mais tenebrosa do Hades, e lá passar a eternidade — já que era imortal — rolando uma enorme rocha montanha acima, sabendo que logo antes de chegar ao pico ela despencaria de novo até o pé da encosta.

acima, nem o próprio Hades, nem a filha de Deméter, Perséfone, com seu cetro de rainha do reino dos mortos. Eu… perdi os sentidos e fui deixado aqui indefeso. Mas onde estou?

Ei! Olá! Há por perto algum amigo que possa me dizer o que está acontecendo? Não reconheço nada à minha volta.

ANFITRIÃO

Amigos, devo me aproximar do meu assassino?

LÍDER DO CORO

Sim, deve, e irei com você. Não vou abandoná-lo num momento de perigo.

HERAKLES

Pai! Por que está chorando e cobrindo sua face? Por que fica tão distante do filho que tanto ama?

ANFITRIÃO

Ah, meu filho! Porque você ainda é meu filho, mesmo abatido pela tragédia.

HERAKLES

Abatido pelo quê? Que sofrimento é esse que enche de lágrimas seus olhos?

ANFITRIÃO

Algo que levaria até mesmo um deus a gemer, se soubesse o que aconteceu.

HERAKLES

Suas palavras anunciam o pior. Mas ainda tem de me contar o que houve.

ANFITRIÃO

Você pode ver com seus próprios olhos, agora que sua razão retornou.

HERAKLES

Diga logo, mesmo que seja alguma triste mudança na minha vida.

ANFITRIÃO

Se a sua possessão furiosa terminou, eu direi.

HERAKLES

Por piedade! Está me assustando com essas charadas!

ANFITRIÃO

É que não tenho certeza se você já recuperou a lucidez.

HERAKLES

Minha mente ficou perturbada? Mas não me lembro de nada.

ANFITRIÃO

Meus amigos, devo desamarrar as cordas que prendem meu filho. Que outra escolha tenho?

[Desamarra Herakles.]

HERAKLES

Quem me amarrou dessa maneira? Isso me deixa furioso!

ANFITRIÃO

Fique satisfeito de conhecer somente essa parte de seus sofrimentos, e esqueça o resto.

HERAKLES

E por acaso devo me satisfazer em não saber? Diga o que aconteceu!

ANFITRIÃO

Ó Zeus! Está assistindo a isso tudo, aí sentado no trono de Hera?

HERAKLES

Hera? Sofri algum ataque maléfico da deusa que me odeia?

ANFITRIÃO

Deixe os deuses fora disso. Carregue você mesmo o peso da sua culpa!

HERAKLES

Oh, não! Pressinto que você tem algo a me contar que me devastará para sempre!

ANFITRIÃO

Olhe ao seu redor! Veja os cadáveres dos meninos.

HERAKLES

Não! Não! Por piedade! O que é isso?

ANFITRIÃO

Você lutou uma guerra que não era guerra contra seus filhos, meu filho!

HERAKLES

Por que fala em guerra? Quem os matou?

ANFITRIÃO

Você e suas flechas! Mesmo que a culpa seja de algum deus.

HERAKLES

Como? Não é possível. Pai, diga que não é verdade!

ANFITRIÃO

Você estava enlouquecido. Ah, que dor me causa responder a essas perguntas.

HERAKLES

Minha mulher! Matei minha mulher também?

ANFITRIÃO

Todos os que jazem neste chão foi você quem os matou.

HERAKLES

Ah! Que dor sem tamanho! A angústia quer me engolir!

ANFITRIÃO

Lamento imensamente por seu sofrimento.

HERAKLES

E fui eu também que fiz minha própria casa desabar?

ANFITRIÃO

Sim, foi. Nada sobrou de sua vida!

HERAKLES

Mas onde tudo isso me aconteceu?

ANFITRIÃO

No altar, quando você purificava suas mãos pelo sangue que derramou de Licos e os aliados dele.

HERAKLES

Não! Como pude poupar minha própria vida? Logo a minha, de um homem que assassinou seus preciosos filhos? Como poderei evitar me atirar de um precipício, ou me jogar sobre a ponta da minha própria espada? Como poderei vingar esses assassinatos? Ou será melhor pôr fogo na minha própria carne e assim eliminar a infâmia que me aguarda?

[Vê Teseu se aproximando.]

Mas aqui vem Teseu, meu primo e meu amigo. Ele não permitirá que eu me mate. Devo viver, e a mancha de ter me tornado um assassino de crianças será conhecida até pelo meu amigo mais querido. O que vou fazer? Onde posso encontrar um lugar em que esteja a salvo da minha dor? Que seja nos céus, ou nas profundezas da terra. Pelo menos que eu cubra minha cabeça com meu manto. Meus atos hediondos me enchem de vergonha. E não quero causar mal a mais ninguém. Nenhum mortal

merece ser contaminado pela visão de um homem que carrega uma culpa como a minha!

[Herakles cobre a cabeça com seu manto. Entra Teseu com seus servos.]

TESEU

Anfitrião, vim até aqui acompanhado desses jovens guerreiros de Atenas, que estavam acampados às margens do Asopo, para ajudar seu filho em suas batalhas. Chegaram notícias, na cidade dos descendentes de Erecteu,[54] que Lico tomou o poder em Tebas e pretende executar o senhor e sua família. Estou aqui em retribuição ao auxílio que recebi de Herakles, que me resgatou do submundo. Se você, caro ancião, e sua família precisam de ajuda, pode dispor de mim e de meus companheiros.

Mas o que é isso que vejo? Por que este chão está repleto de cadáveres? Será que cheguei tarde demais? Que crimes horrendos foram cometidos aqui? Quem matou essas crianças? E essa mulher? É esposa de quem? Crianças não entram numa frente de batalha. Não, sem dúvida houve aqui um crime raro e medonho.

[Anfitrião entoa suas respostas sob a forma de canto:]

ANFITRIÃO

Ó senhor da colinas onde crescem as oliveiras...

TESEU

Mas, meu ancião! Por que se dirige a mim dessa maneira? E sua voz soa tão sofrida...

ANFITRIÃO

... lamentem e chorem, guerreiros, pois o que aconteceu aqui é digno de sua compaixão...

---

54 Erecteu seria um rei mitológico, ligado à fundação da cidade, filho de Hefesto e Gaia.

TESEU

Essas crianças, cuja morte você chora, são filhos de quem?

ANFITRIÃO

O pai delas é meu desafortunado filho. Ele as gerou e agora as assassinou. Terá de carregar a culpa por esse sangue derramado por toda a sua vida.

TESEU

O que você disse? Que ato cruel foi esse que ele perpetrou?

ANFITRIÃO

Foi tomado por um surto de loucura, e as flechas que ele usou são as mesmas banhadas no venenoso sangue da Hidra.

TESEU

Mas que monstruosidade!

ANFITRIÃO

Nossa vida termina aqui. É a vontade dos deuses.

TESEU

Por piedade, não me diga mais nada! Nem mesmo os deuses suportariam uma desgraça dessa!

ANFITRIÃO

Não tenho a intenção de impor-lhe mais sofrimento.

TESEU

Isso só pode ser trabalho de Hera. Mas quem é aquele homem entre os cadáveres, meu pobre ancião?

ANFITRIÃO

É o meu filho! Meu filho... O homem dos muitos trabalhos, que já marchou contra os gigantes, lutando ao lado dos deuses nas planícies de Phlegra.

TESEU
Oh, como é difícil escutar isso! Que homem nasceu destinado a um sofrimento maior do que o dele?

ANFITRIÃO
Nenhum mortal enfrentou julgamentos nem realizou proezas mais difíceis. Como Herakles, não existe igual.

TESEU
Por que esconde sua pobre cabeça debaixo do manto?

ANFITRIÃO
Ele está com vergonha de encontrar seus olhos, Teseu! Ele não apenas é seu parente, como seu amigo.

TESEU
Mas e se eu quiser compartilhar sua dor? Descubra-se, Herakles!

ANFITRIÃO
Meu filho! Tire esse manto de sua cabeça e jogue-o no chão. Mostre seu rosto ao sol.

[Anfitrião se agarra a Herakles.]

Com minhas lágrimas, quero convencê-lo a viver, meu filho! E me agarro em desespero na sua barba, nos seus joelhos, nas suas mãos, suplicando que detenha a ferocidade desse leão que habita seu íntimo! Deixe quieta essa besta que o leva de uma carnificina para outra sem se saciar!

TESEU
Sim, você que aí está, destruído, rogo que descubra seu rosto para mim, que sou seu amigo. Nenhuma nuvem traz escuridão tão profunda quanto o infortúnio que desabou sobre você. Mas por que acena a mão para mim, como se me temesses? Está com medo de que eu me contamine de sua blasfêmia se falar comigo?

Não me importo se a sua amizade me trouxer má sorte, porque houve um tempo em que me trouxe a salvação. A Fortuna me sorriu de novo, quando você me devolveu de novo a luz do dia, resgatando-me da terra dos mortos. Tenho ódio ao amigo cuja gratidão se apaga com o tempo, ou àquele que se dispõe a compartilhar conosco os bons momentos, mas foge quando a tormenta estoura. Levante-se. Descubra sua infeliz cabeça e me encare, Herakles.

[Herakles levanta-se e Teseu descobre a cabeça dele.]

Um coração nobre suporta o castigo que os deuses lhe impõem. E jamais se recolhe!

HERAKLES
Teseu! Viu os cadáveres dos meus filhos, que eu assassinei?

TESEU
Escutei o relato infeliz, e agora você me mostra a prova do que aconteceu.

HERAKLES
Então por que descobriu minha cabeça ao sol?

TESEU
Por quê? Porque você, um mortal, não pode contaminar o sol, que é dos deuses.

HERAKLES
Sou um amaldiçoado. Afaste-se de mim!

TESEU
Nenhuma maldição vingadora passa de um amigo para outro.

HERAKLES
Obrigado! Você é mesmo meu amigo!

[Herakles estende a mão a Teseu, que a aperta.]

TESEU

De você, recebi compaixão e generosidade antes. E agora lhe dou minha solidariedade.

HERAKLES

Mesmo tendo eu assassinado meus filhos?

TESEU

Lamento que tudo isso tenha-lhe acontecido.

HERAKLES

Já conheceu algum homem tão desgraçado quanto eu?

TESEU

Seu infortúnio preenche e supera tudo, seja nos céus, seja na Terra.

HERAKLES

Por isso, pretendo me matar. E não me importo que os deuses me condenem por isso.

TESEU

Acha que os deuses se impressionam com ameaças?

HERAKLES

Os deuses somente se importam com eles mesmos. Vou tratá-los do mesmo modo.

TESEU

Cuidado com o que diz. Essa arrogância pode custar-lhe ainda mais sofrimentos.

HERAKLES

Seria impossível fazer meu coração sofrer ainda mais. Não há espaço nele que não esteja ocupado pela dor.

TESEU

Mas o que vai fazer? Aonde um desafio desses o levará?

HERAKLES

Devo morrer. Acabei de retornar do Hades, e é para lá que voltarei agora.

TESEU

São palavras de um homem sem valor.

HERAKLES

Como ousa você, um forasteiro no meu sofrimento, me criticar?

TESEU

Então me diga se essas palavras são dignas de Herakles, aquele que tudo enfrenta?

HERAKLES

Jamais sofri uma dor como essa. Deve haver um limite para o que um mortal pode suportar.

TESEU

É você mesmo? O benfeitor e o protetor de todos os mortais?

HERAKLES

E que ajuda os outros mortais me deram? Hera faz comigo o que bem entende!

TESEU

A Grécia sucumbiria caso seu maior herói tivesse uma morte desonrosa.[55]

---

55 Assim era sempre considerado o suicídio entre os gregos.

HERAKLES

Então, escute agora os meus argumentos. Vou lhe explicar por que a minha vida, não somente agora, mas antes dessa tragédia, foi sempre insuportável.

Já para começar, sou o filho desse homem. Ele se casou com Alcmena, minha mãe, embora tivesse matado o pai dela, um ancião, e carregasse nas mãos a mácula do sangue dele. Quando uma família não tem boas fundações, o infortúnio perseguirá seus filhos. Então, Zeus, seja lá quem for Zeus, me designou para ser o alvo da crueldade de Hera. Não, meu bom velho, não se ofenda; considero-o meu pai, não Zeus.

Eu ainda era um bebê quando a esposa de Zeus enviou duas vorazes serpentes para invadirem meu berço e acabarem comigo. E será que preciso mencionar os perigos que tive de enfrentar logo que o vigor da juventude fortaleceu meus músculos? Quantos leões, gigantes e tifões[56] de três corpos precisei destruir? Quantas batalhas enfrentei com as tropas de centauros, aquelas bravas criaturas de quatro patas? E a Hidra, cujas cabeças cresciam de volta mal eu as cortava? Também esse monstro eu matei e, depois de me deparar com incontáveis outros seres assustadores e perigos, ainda tive de descer ao reino dos mortos, por ordem de Euristeu, para trazer para nosso mundo Cérbero, o cão de três cabeças que guarda a entrada do Hades.

E agora, a última proeza do inabalável Herakles, que coroa todo o mal que pesa sobre esta casa — o assassinato de meus próprios filhos! É a esse ponto de degradação que cheguei. Minha consciência me proíbe de continuar vivendo em minha amada Tebas. Se eu permanecer aqui, que amigos terei como companhia? A maldição que eu carrego afastará todos de mim. Mas, então, devo me mudar para Argos? Como poderia me exilar da cidade onde nasci? Ou devo ir para outra cidade? E como poderei suportar até o fim da vida os olhares de lado daqueles que me reconhecerão? Devo, além de tudo, ser atormentado para sempre com as ofensas dita às minhas costas por línguas ferinas? "Aquele não é o filho de

---

56 Filho de Tártaro e Gaia, é um símbolo do caos primordial, derrotado por Zeus, que impôs a ordem, o Cosmos, ao Universo. Meio-termo entre ser humano e monstro, de altura descomunal e enorme força, quase venceu Zeus, que somente se salvou graças à ajuda de Pã, de Hermes e, sobretudo, de Palas Atena. Zeus finalmente o esmagou lançando sobre ele o monte Etna.

Zeus que matou sua esposa e seus filhos? Não o queremos em nossa terra. Que vá viver no Hades!"

Creio que minha desgraça é tamanha que a própria Terra irá gritar: "Não pise em meu solo!" Os rios que correm eternamente e os mares gritarão: "Não ouse nos atravessar!" Serei igual a Ixon, acorrentado ao leme que o dirige.

Assim, por que devo continuar vivendo? De que vale uma vida que nenhum outro propósito possui a não ser ofender, com sua persistência, a tudo o que é sagrado? A todos os habitantes da Hélade? Que a gloriosa esposa de Zeus dance celebrando sua vitória e que faça o Olimpo inteiro estremecer com seus passos de alegria. Finalmente, alcançou seu objetivo: arrancou o mais proeminente herói da Grécia das alturas e o atirou na baixeza mais abjeta.

Que homem negaria preces a essa deusa? E tudo por causa do ciúme que sente de minha mãe. Para se vingar de Zeus, destruiu o benfeitor da Hélade, embora ele fosse inocente do adultério cometido pelo marido dela, o Senhor de Todos os Deuses.

LÍDER DO CORO

Em toda essa tragédia está a mão de Hera. Você tem razão, Herakles.

TESEU

Se você fosse a única pessoa do mundo maltratada pelo Destino, realmente eu próprio o aconselharia a se matar para não ter de enfrentar mais nenhum infortúnio. Mas, se os poetas nos contam a verdade, não existe mortal nem deus que não tenha sofrido os reveses da Fortuna. Os deuses não se envolvem em casos amorosos clandestinos uns com os outros? E não aviltaram seus pais, tomando-lhes o poder e reduzindo-os a prisioneiros acorrentados?[57] No entanto, ainda assim, gozam das delícias eternas do Olimpo e perdoam-se por seus erros.

Como você pode reclamar para si tornar-se imune aos castigos da Fortuna, se esse é um privilégio que nem mesmo os deuses possuem?

---

57 Refere-se ao episódio em que Cronos e os seus irmãos, os Titãs, são destronados por Zeus, seus filhos, irmãos e aliados.

Então, faça o que a lei manda e abandone Tebas. Venha comigo para a cidade de Palas Atena, a bela Atenas. Lá, você purificará suas mãos do crime cometido. A cidade se tornará seu novo lar e você desfrutará comigo da minha riqueza. Darei a você todos os presentes que meus concidadãos me ofereceram por ter matado o Minotauro e salvado 14 jovens entregues ao monstro, filho do rei de Creta,[58] para que ele os devorasse. Por toda a região em volta de Atenas há terras doadas a mim, e que passarão, portanto, para o seu nome. Enquanto você viver, os atenienses celebrarão os feitos de seu honroso hóspede, e quando passar para o reino de Hades, a cidade inteira o reverenciará com sacrifícios e com a construção de monumentos de pedra. Você será motivo de orgulho do meu povo, que em toda a Hélade tem fama de dar asilo a nobres famosos. E é assim, nesse seu momento de necessidade, que mostrarei a gratidão que tenho a você por ter me salvado.

HERAKLES

Essas homenagens não combinam com as atrocidades que cometi. Não acredito que os deuses se permitam a romances ilícitos, nem que se acorrentem uns aos outros no fim das suas disputas. Nunca dei crédito a nenhuma dessas histórias e nunca darei, muito menos às que contam que deuses escravizam deuses. Um deus, se é realmente um deus, não precisa de coisa alguma, e tudo isso de que você falou não passa de mentiras dos poetas.

Mas agora penso que, se tirar a minha vida, mesmo em razão dos meus atos medonhos, não seria covardia. Se um homem não resiste aos golpes do Destino, como poderá enfrentar a lança de seu inimigo? O que eu devo fazer é suportar meu tormento, viver com essa culpa. Mas acompanharei você a Atenas e, por seus presentes, desde já agradeço calorosamente.

No entanto, como é sabido, já superei muitos desafios árduos. Jamais me furtei à luta, nem fiquei chorando à espera do golpe. Não vou permitir que as lágrimas me rebaixem ainda mais neste momento. Creio que sou um cativo do Destino.

Que seja então! Meu bom e velho pai, você agora me verá partindo para o exílio, depois de ter me visto assassinar meus filhos e minha esposa.

---

58 Minos.

Por piedade, envolva esses corpos em mortalhas dignas para o sepultamento, e conduza-os ao túmulo. Deixe que suas lágrimas corram em homenagem a eles, vítimas inocentes da injustiça dos deuses. A lei não me permite sepultá-los pessoalmente. Que eles sejam colocados junto ao peito de sua mãe. Que os braços dela os envolvam, essa família desafortunada que eu destruí em um momento de loucura. Quando tiver sepultado os mortos, continue sua vida nesta cidade, apesar de todo o desgosto que isso lhe trará.

Ah, meus filhos, eu, que lhes dei a vida e o mundo, fui também o monstro que os privou disso tudo. Vocês não ganharam nada com minhas proezas, que inutilmente assumi em benefício de vocês. Tudo o que fiz foi tentar construir uma vida de prestígio, foi proteger da melhor maneira que pude minha família e meu lar. No entanto, para corresponder ao carinho de vocês, eu os matei! Ah, choro agora por minha esposa e por meus filhos. Choro por mim mesmo! Que desafortunada é minha vida, que me separa da minha mulher e dos meus filhos! Que dor tremenda é beijá-los e, ainda assim, que ternura eu sinto! Quanto sofrimento, mais e mais sofrimento essas armas me infligiram, embora sejam minhas companheiras mais constantes. Estou destruído por dentro.

Devo guardar minhas armas ou jogá-las fora? Elas estarão balançando junto ao meu corpo e, quando eu me ajoelhar, dirão: "Foi conosco que você matou sua esposa e seus filhos: se nos mantiver, conservará também junto a si os assassinos de seus filhos!" Então, devo carregá-las em minhas mãos? Como poderei justificar tal procedimento? Mas, se as jogar fora, estarei também abandonando as armas com as quais realizei os maiores feitos que a Hélade já testemunhou. Devo, então, me submeter à clemência de meus inimigos, desarmado, e me entregar a uma morte sem luta, vergonhosa? Não, não devo deixá-las para trás. Eu as levarei junto a mim, seja qual for a infeliz lembrança que me tragam.

Teseu, peço sua ajuda. Venha comigo até Argos e me ajude a trazer de lá Cérbero, o cão de Hades. Temo que minha dor pela perda dos meus filhos possa me pôr a perder se me faltar um bom companheiro.

Ó terra de Cadmo e todos os cidadãos de Tebas! Venham ao funeral dos meus filhos. Cortem seus cabelos em luto por eles e compartilhem de meus lamentos. Vocês estarão chorando por todos nós: a mim, minha esposa e meus filhos. Estamos todos aqui, igualmente mortos. Fomos abatidos pela inclemência de Hera.

TESEU

Levante-se, então, meu triste amigo, já derramamos lágrimas suficientes.

HERAKLES

Não consigo me erguer. Estou enraizado no solo.

TESEU

Sim, mesmo o mais forte pode ser vencido pelo Destino.

HERAKLES

Ó agonia! Se pelo menos eu pudesse ficar aqui, transformado em pedra, com meu sofrimento apagado!

TESEU

Chega! Vou ajudá-lo a se levantar. Dê aqui a mão para o seu amigo.

HERAKLES

Não! Não macularei nem sua mão nem suas roupas com sangue.

TESEU

Enxugue-o em mim, então. Até que desapareça de suas mãos.

HERAKLES

Não tenho mais filhos, mas você tem o seu. Cuidado!

TESEU

Ponha os braços em torno do meu pescoço. Serei seu guia na jornada.

HERAKLES

Seu gesto demonstra amizade sincera.

[Para Anfitrião:]

Meu pai, este é um homem para se ter como amigo!

ANFITRIÃO
Sim, a terra dele gera filhos nobres!

HERAKLES
Teseu, me deixe voltar um instante. Quero ver meus filhos pela última vez.

TESEU
Que bem isso lhe fará? Por acaso terão algum encanto para diminuir a sua dor?

HERAKLES
Mas é o que desejo fazer. E também quero abraçar meu pai.

ANFITRIÃO
Aqui estou, meu filho! Seu desejo é o meu também.

[Abraçam-se.]

TESEU
Já esqueceu os trabalhos que realizou?

HERAKLES
Os horrores que enfrentei são nada comparados com a infelicidade que vivo agora.

TESEU
Esse comportamento não renderá respeito algum de qualquer homem que o veja nesse estado.

HERAKLES
Você me vê acabado para a vida agora, mas sabe que não fui assim antes.

TESEU

Verdade! Você é um homem doente, não o bravo Herakles.

HERAKLES

E que homem foi você na angústia escura do Hades?

TESEU

Um fraco e de espírito destruído, como seria qualquer outro homem.

HERAKLES

Então como pode me condenar?

TESEU

Devemos prosseguir vivendo, é só.

HERAKLES

Adeus, meu pai!

ANFITRIÃO

Adeus, meu filho!

HERAKLES

Vai sepultar as crianças, como eu pedi?

ANFITRIÃO

E quem me enterrará, meu filho?

HERAKLES

Juro que eu o farei.[59]

---

59 Herakles cumprirá a promessa, e Anfitrião, mesmo idoso, perecerá ao seu lado, combatendo os mínios da cidade de Orcômeno, vizinha a Tebas.

ANFITRIÃO

Mas quando voltará, meu filho?

HERAKLES

Quando você morrer, meu pai. Agora, suplico que leve os corpos dos meus filhos para dentro. Será uma carga dolorosa, difícil de carregar. Eu, que destruí minha casa, vergonhosamente, seguirei com Teseu. Estou arruinado em meu íntimo como um pequeno bote rebocado por um navio. Se algum homem quiser obter as vantagens da riqueza ou do poder e der a isso mais importância do que aos amigos, é um tolo.

[Teseu e Herakles vão embora.]

CORO

Com dor em nossos corações e muitas lágrimas ainda por derramar, aqui ficamos, suportando a perda de nosso grande amigo.

[Anfitrião e criados levam os corpos para dentro do que restou do palácio. O Coro sai do palco pelo lado oposto àquele por onde saíram Herakles e Teseu.]

POSFÁCIO

A destruição moral de um indivíduo esmagado pelos próprios atos — mesmo que, em *Herakles*, engendrados pela vingativa Senhora do Olimpo — comove plateias e leitores há 2.500 anos.

O crime de Herakles é até mesmo ampliado, no seu íntimo, pelo sentimento de impotência. Grande herói, temido, invejado, respeitado, cultuado em toda a Hélade, percebe que não passa de um joguete nas mãos da esposa de Zeus, o que confere a seu nome, adotado para aplacar a deusa, *a alegria de Hera*, um significado lúgubre e sarcástico. O herói, além de ter sua vida comandada pelos caprichos de Hera, que escolhe a dedo as tarefas impossíveis das quais ele deve dar conta — os Doze Trabalhos —, é humilhado por ela, que, conhecendo sua vaidade, submete-o ao primo Euristeu, um covarde medíocre, que se esconde de medo quando Herakles lhe traz tanto o Javali de Erimanto quanto Cérbero, o cão de Hades. O martírio do herói culmina quando Hera o leva a assassinar seus filhos queridos e sua esposa.

Essa é a tensão permanente, dilacerante desse maravilhoso personagem. É como se o preço a pagar pela glória fosse sempre a tragédia. Ou como se, inerente à glória, viesse depois a devastação. Embora nenhum herói tenha sofrido tanto quanto Herakles, todos os heróis da mitologia grega, ainda mais os filhos bastardos de Zeus, tiveram suas perdas. Penaram nas mãos de Hera, ou foram, vez por outra, subjugados pelo próprio ingrediente autodestrutivo — a *híbris*, a soberba — da sua descendência divina. É como se os arrebatamentos de Zeus fossem transmitidos aos seus filhos. No entanto, eles, como mortais, estão privados dos privilégios e imunidades que a posição de Zeus lhes proporciona.

Conta o mito que Herakles, com 18 anos, alcançara a altura de três metros e força descomunal, ficando famoso também por seu temperamento violento. Quando garoto, teve como professor de música e de letras o famoso Lino. Mas, certo dia, tendo repreendido o grande mestre, Herakles pegou um tamborete, ou uma cítara, segundo outros, e golpeou Lino, matando-o. Por outro lado, foi cantado por muitos o senso de justiça e a generosidade do herói — foi ele que, mesmo desafiando seu pai, Zeus, libertou Prometeu do castigo eterno ao qual o condenara o Senhor do Olimpo.[60] E o mesmo Herakles, para redimir a dor de seu amigo Admeto, vai resgatar a esposa dele, Alceste, já no reino dos mortos, o Hades, maior pesadelo dos gregos.[61] Como tudo o mais na mitologia grega — a começar pelo comportamento do próprio Zeus —, há uma dimensão acima do Bem e do Mal que deve ser considerada para se evitar tanto a idolatria quanto as rejeições simplistas.

Assim é que se compõe um herói imortal — que vence os milênios, as diferenças de cultura e de idioma, graças a uma combinação de atributos única.

---

60 Ver *Prometeu*, de Ésquilo, no Volume II desta coleção.
61 Ver *Alceste*, de Eurípides, no Volume II desta coleção.

TRACHIANAS

TRACHIANAS
INTRODUÇÃO
O HERÓI DOMINADO

Hera, Omphale,[62] Djanira. Durante toda sua vida, Herakles, o herói de força e coragem divinas, é humanizado justamente pelo domínio que as mulheres exercem sobre ele. Ao contrário de seu pai, Zeus, que egoisticamente parece se servir das mulheres que deseja e depois as abandona ao seu destino — inclusive à voracidade vingativa de Hera —, Herakles, em muitos casos, é subjugado pela paixão, que o faz cometer os atos mais intempestivos. Esse enfoque do herói em *Trachianas*, de Sófocles — autor também de *Trilogia tebana* —,[63] confere à peça um pronunciado ponto de vista feminino.

---

62 Rainha líbia que compra Herakles como escravo. Ver nota 66.
63 *Édipo Rei, Édipo em Colono* e *Antígona*.

Afinal, o grande destaque da primeira parte são as aflições de Djanira (cujo nome quer dizer *aquela que mata o marido*), que as compartilha com o Coro das Jovens de Trachis, únicas a compreendê-la e a solidarizar-se com a esposa de Herakles. É desse ponto de vista tão peculiar na dramaturgia e cultura gregas antigas, amplamente patriarcais, que se colocam em julgamento o amor e seus extremos.

Sófocles foi um dos três maiores artífices da tragédia grega — juntamente com Ésquilo e Eurípides. Escreveu cerca de cem peças, mas somente sete sobreviveram intactas. Nos concursos anuais de peças de teatro, em Atenas, foi um dos grandes vencedores. Morreu com 90 anos, em 406 a.C.

Ao ler *Trachianas*, uma das mais pungentes tragédias do teatro grego, até mesmo por concentrar-se no episódio final da trajetória de Herakles, estamos absorvendo a excelência do que os autores clássicos da Antiguidade produziram, sobretudo em matéria de despertar em suas plateias um *terror cósmico*, um esmagamento sob a presença inefável das ironias da Sorte. Embebemo-nos, além disso, da fonte que inspirou alguns dos maiores autores e obras da humanidade, como Shakespeare e Goethe, gênios da tragédia. Não seria exagero, desse modo, apurarmos nossa sensibilidade para detectar, em obras mais recentes, ecos dessas mesmas referências.

Onde quer que o Destino se sobreponha às pretensões e intentos humanos, especialmente de manipulá-lo, de controlá-lo, haverá aí um tanto do enredo traçado em última instância pelas Moiras, aquelas que fiam e cortam a linha da vida na mitologia grega — ou, se quiserem, nestes nossos tempos mais racionalistas, pela imponderabilidade, pelo caos intrínseco ao universo.

É outro fatalismo agregado ao mito de Herakles — sua glória, suas vitórias, no momento em que ele se dispõe a usufruir delas, transformam-se em revés e desgraça... como se seus melhores atos se voltassem contra ele. Este é o cerne da tragédia grega: elevar um homem ao pináculo para que ele, juntamente com a plateia, sofram ainda mais com sua derrocada.

Sófocles foi um gênio na arte de transformar o imponderável, esse fio invisível da existência, em obras imortais.

PERSONAGENS/TEMPO/LOCALIZAÇÃO

DJANIRA, MULHER DE HERAKLES

HERAKLES

SERVA DA CASA DE DJANIRA E HERAKLES

HILO, FILHO DE HERAKLES

CORO DAS JOVENS DE TRACHIS

ANCIÃO, AMIGO DA FAMÍLIA

MENSAGEIRO

IOLE, JOVEM POR QUEM HERAKLES ESTÁ APAIXONADO

CATIVAS TRAZIDAS POR LICAS

LICAS, ARAUTO DE HERAKLES

Era mitológica. Quinze meses atrás, Herakles deixou Djanira e seus
filhos em Trachis e partiu, em jornada de aventuras, alertando que,
caso não retornasse, passado esse tempo, ou estaria morto ou a caminho
de casa. A aflição de Djanira por saber notícias de seu amado esposo
é enorme. A ação da peça começa no meio de uma manhã,
com Djanira e sua serva idosa saindo de casa.
Trachis, na Grécia.

Ao Leitor

Trachianas se passa na cidade de Trachis, na Tessália, Grécia. Um dos personagens mais fortes é o Coro das Jovens, que, por isso, dão título à peça. Sófocles escreveu *Trachianas* entre 450 e 430 a.C., quando a região já era chamada de *Heraklea Trachinia*, em homenagem ao herói semideus.

PRÓLOGO

DJANIRA

Há um ditado antigo que diz que nenhum homem pode considerar que teve uma vida feliz ou infeliz até que tenha morrido.

No entanto, eu sei bem, e muito antes de ter chegado ao Hades, que minha vida é marcada pela infelicidade. Ainda quando eu vivia em Pleuron, na casa do meu pai, Eneu, meu noivado foi uma angústia sem fim, algo que jovem alguma em toda a Etólia jamais suportou.

Meu pretendente era o deus de um rio, Aqueleu, que pediu minha mão ao meu pai usando três disfarces. Ora vinha como touro, ora como uma serpente, remexendo seus anéis, ora como um homem com a cabeça de um boi, mas com uma barba enorme e desgrenhada da qual escorriam fartamente fontes de água.

Só de ver um monstrengo desses e de saber que ele desejava se casar comigo, sentia-me tão desesperada que orava para morrer, de modo a me poupar do destino de terminar deitada ao seu lado, num leito conjugal.

Para meu alívio, no último instante, Herakles, o fabuloso filho de Zeus e Alcmena, desafiou-o para uma luta e, ao vencê-lo, me salvou.

Caso alguém tenha testemunhado o duelo sem que o pavor o tenha feito cerrar os olhos, poderá contar a vocês como foi. Eu, no entanto, estava tão atordoada de medo que nada vi. Tudo o que pensava era que minha beleza me traria a perdição.

Finalmente, Zeus, senhor de todas as batalhas, concedeu uma feliz conclusão àquele confronto. Herakles derrotou Aqueleu e casou-se comigo. Mas foi realmente uma felicidade isso ter acontecido?

Hoje, estou casada com Herakles e minha vida é uma preocupação atrás de outra. Temos filhos, é claro, entretanto meu marido tem com eles a mesma relação que um fazendeiro tem com a terra longínqua que cultiva — só se aproxima quando semeia e quando colhe. A vida dele é um interminável partir de sua casa e regressar, sempre servindo a um certo amo.[64]

E agora que finalmente executou todos os Doze Trabalhos, estou em maior agonia do que nunca, já que desde que ele matou o brutal Ifito[65] vivemos exilados aqui em Trachis, graças à hospitalidade de amigos estrangeiros.

No momento, entretanto, ninguém sabe onde está Herakles. Somente sei que, mais uma vez, meu coração ficará em pedaços. Tenho certeza de que ele está passando por algum perigo terrível, pois faz quinze meses que recebi suas notícias pela última vez. Sim, considerando o prazo que me deu, algo aconteceu com ele, e não paro de pedir aos deuses para que o pior tenha sido evitado.

SERVA

Minha querida ama, Djanira, já a vi tantas e tantas vezes derramando lágrimas por causa da ausência de Herakles. Então, agora, se é permitido a um escravo dar conselhos a uma pessoa livre, deixe-me lhe dizer o que você deve fazer.

Ora, se foi abençoada com tantos filhos, por que não manda um deles à procura de Herakles? Hilos me parece o mais indicado, se é que ele tem alguma preocupação em relação ao pai. Aí vem ele, sempre atravessando a casa na correria. Assim, se acha que meu conselho tem algum valor, mande-o nessa missão.

[Entra Hilo, ofegante e suado.]

---

64 Euristeu, rei de Micenas, primo de Herakles e seu inimigo, um aliado de Hera, que o encarregou de provocar a morte do semideus, exigindo-lhe proezas impossíveis, e que ficaram conhecidas como *Os Doze Trabalhos de Herakles*.

65 Filho de Eurito, rei de Esparta. Herakles o assassinou num surto de loucura, atirando-o do alto das muralhas de Tirinto.

DJANIRA

Meu filho querido! Mesmo nos malnascidos pode habitar a sabedoria. Essa mulher é uma escrava, mas disse palavras sensatas.

HILO

Do que está falando, minha mãe?

DJANIRA

Ela disse que seu pai está fora há tanto tempo que seria péssima conduta você não tentar encontrá-lo.

HILO

Bem, pode ser... Mas eu já sei onde ele está, se é que se pode confiar nos boatos que nos chegam.

DJANIRA

Meu filho! Então você conhece o paradeiro de seu pai? Por favor, me diga!

HILO

Durante todo o ano passado, segundo se conta, ele serviu como escravo a uma mulher lídia.[66]

DJANIRA

Se isso é verdade, nada mais há de me surpreender.

HILO

Mas escutei também que já se libertou dessa mulher.

---

66 Seguindo o pronunciamento do Oráculo de Delfos, Herakles se entregou a Omphale como escravo, punindo-se assim pelo assassinato de Ifito. Omphale se apaixonou por Herakles, mas o libertou depois de um ano. Tiveram um filho. A Lídia ficava na Ásia Menor, em uma região que atualmente faz parte da Turquia.

DJANIRA

E onde se diz que ele está atualmente? Vive ou está morto?

HILO

Dizem que está na Eubeia, a cidade de Eurito. Pelo que se conta também, promove uma guerra por lá ou está prestes a fazê-lo.

DJANIRA

Meu filho amado, antes de partir, ele me disse algo a respeito dessa guerra e de como deveríamos nos comportar sobre esse assunto.

HILO

O que meu pai lhe disse, minha mãe? Não sei de nada.

DJANIRA

Que essa será sua última guerra e, ao final dela, ou haverá morrido ou nunca mais terá de passar por provações como essa e viverá feliz até o término de seus dias. Foi essa a profecia que recebeu. Assim, meu filho, já que a vida dele está em perigo, você não deveria ir ajudá-lo? Até porque, se ele se salvar, todos estaremos salvos, e será nossa perdição também se ele morrer.

HILO

Vou, sim, minha mãe. Sem hesitação alguma. Se eu tivesse conhecido antes essa profecia, tão grave, já teria partido ao seu encontro há muito tempo. Mas meu pai, por causa da sua habitual confiança em si mesmo, não me fez sentir preocupação alguma.

DJANIRA

Vá, então, meu filho. Mesmo que tenham demorado tanto, se as notícias forem as que desejamos, valerá a pena.

[Hilo sai apressado e a serva o segue. O Coro das Jovens de Trachis entra. Elas entoam um cântico em homenagem ao Deus-Sol:]

CORO

[Estrofe I]

Ó Deus-Sol, deus de toda luz. A Noite Estrelada, no seu leito de morte, o gera, e logo que suas chamas se acendem, ela adormece. Por favor, descubra onde está o filho de Alcmena — ó glória incandescente, ó luminoso. Estará ele em luta no mar Negro? Ou no estreito de Gibraltar, que, não por acaso, também é chamado de "Os Pilares de Hércules"? Diga-nos o que vê, ó olho onipresente.

[Antístrofe I]

Escutamos Djanira, em ansiedade constante e com o coração apertado. Ela, que foi tão disputada, e que o semideus Herakles conquistou, mais parece uma ave ferida. Não há consolo para seus olhos que nunca adormecem secos. E em seu peito ferve um temor perpétuo a respeito de seu amado, sempre distante, e pressentimentos funestos a consomem, como se fosse a viuvez, largada no leito, de onde ele se ausentou há tanto tempo.

[Estrofe II]

Do mesmo modo como alguém, contemplando o mar, vê uma onda depois da outra, carregadas pelo vento, seja do sul ou do norte, e com vagalhões seguindo-as furiosamente no vasto oceano, assim também é a vida, tempestuosa como o mar de Creta, de Herakles, nascido em Tebas, e que já sofreu tantos revezes. Até hoje, sempre houve um deus que o salvasse do Hades.

[Antístrofe II]

Por mais que eu me solidarize com vocês, não posso aprovar que percam as esperanças e comecem a se lamentar. O filho de Cronos, Zeus, ninguém menos, aquele que comanda o Universo, não designou para os mortais um destino sem sofrimentos. Não, o firmamento traz para todos momentos alternados de dor e de alegria.

[Epodo]

O fulgor da noite,
Os sofrimentos do Homem.
Os ardis da Riqueza,
Sorte ou Azar,
Nada dura para sempre.
Tudo é passageiro.
Minha senhora, pense nisso. Sempre há esperança. Ora, algum dia
Zeus esqueceu seus filhos?

Primeiro Episódio

DJANIRA

[Para o Coro:]

Creio que o motivo que as traz aqui é o sofrimento que estou passando. No entanto, tomara que jamais vivam experiência semelhante, nem agonia como esta que apunhala meu coração. Vocês não sabem o que é isso, são jovens demais, e a juventude vive num mundo próprio, intocada pelo Deus-Sol, pela chuva e pelas ventanias. Não se atormentam com esse momento da vida em que deixamos de ser chamadas *moças* e passamos a ser *mulheres*.

É quando começam os temores noturnos por nossos maridos, por nossos filhos. Se sentissem isso, entenderiam por que estou tão melancólica. Ocorre que há muitas coisas que me fazem chorar, até mesmo algo que ainda não lhes contei, mas que contarei agora.

Quando meu marido, Herakles, partiu na sua última jornada de guerra, deixou em casa um tablete antigo com um calendário. No passado, sempre viajou sem se importar de me dizer o que eu deveria fazer, caso ele morresse. Mas, desta vez, como se o destino já o tivesse condenado, me transmitiu em detalhes qual seria minha herança e como sua propriedade deveria ser repartida entre seus filhos. Fixou uma data, quinze meses depois de sua partida, quando ou estaria morto, ou vindo para casa, para então desfrutar de uma vida abençoada, sem mais batalhas nem padecimentos.

Era esse seu futuro, disse Herakles, foi o que os céus estabeleceram para ele. O fim dos trabalhos — foi essa a profecia que escutou junto ao carvalho de Dodona,[67] de duas sacerdotisas, chamadas *pombas*.

---

67 Também chamada de Dodoni, era o mais antigo dos oráculos gregos. As profecias eram recebidas de diversas maneiras, como por intermédio do movimento das folhas dos galhos. O lugar fica no extremo noroeste da Grécia.

Ouçam, então. Hoje é o dia, o exato dia em que a profecia deve se cumprir. Por isso, despertei do sono mais aconchegante e me vi de repente possuída de terror, convencida de que perdera o mais maravilhoso de todos os homens e que deveria viver, daqui para a frente, sozinha. Para sempre!

CORO

Chega! Chega! Vejo um homem que chega. Ele traz guirlandas na cabeça e deve ser portador de boas notícias.

[Entra um mensageiro, um homem de idade.]

MENSAGEIRO

Minha senhora Djanira, permita que eu seja o primeiro a lhe trazer notícias tranquilizadoras. Seu marido, o filho de Alcmena, está vivo e retorna triunfante para casa, depois de ter derrotado seus inimigos. Ele traz consigo preciosas oferendas, ganhas em batalha, para ofertar aos deuses desta terra.

DJANIRA

Como? É verdade mesmo?

MENSAGEIRO

Sim, é. Muito em breve, seu admirável marido estará de volta ao lar para comemorar sua vitória.

DJANIRA

E de quem você escutou isso? De um cidadão daqui ou de um estrangeiro?

MENSAGEIRO

Na pradaria, onde pasta o gado no verão, ouvi essa notícia de Licas, o arauto de Herakles, que a transmitia para uma multidão ali reunida. Logo a seguir, corri para cá para ser o primeiro a lhe trazer as novidades. Quem sabe, assim, mereceria alguma recompensa da senhora.

DJANIRA

Mas, se ele venceu a guerra, por que não está aqui pessoalmente para nos contar como aconteceu?

MENSAGEIRO

A senhora se refere a Licas? Ele não conseguiria vir até aqui tão depressa quanto eu. Todo o povo de Mális o cercou, fazendo-lhe inúmeras perguntas. Do jeito que está, não pode dar um passo. Todos querem escutar de sua boca a história inteira e não o deixam ir embora. Mas logo estará na sua presença.

DJANIRA

De que está falando? Do meu marido? Estou tão atordoada... Você disse que ele logo estará em casa? Que Zeus seja louvado por essa alegria que finalmente me proporciona.

[Dirigindo-se para o Coro:]

E vocês, belas jovens, podem comemorar! E todas desta casa e da cidade inteira! Inesperadamente veio a luz sobre nós, depois de uma densa madrugada.

CORO

[Dançam e cantam:]

Elevem suas vozes com alegria, todos deste lar, todos desta família! Explodam de tanta alegria, porque o senhor da casa está para chegar. E que todos os homens louvem Apolo — o arqueiro, nosso defensor. Nós, jovens, entoaremos também, em uma só voz, um canto em homenagem a Apolo e a sua irmã Ártemis, a caçadora, aquela que porta a tocha dupla e tem ninfas como escolta. Dioniso, controlador de mentes! Dê-nos a música da sua flauta, porque estamos agitadas demais. A hera já nos subiu à cabeça.[68] Olhem para mim, enquanto giro meu corpo, um giro dionisíaco.

---

68 Mascar folhas de hera podia provocar o transe dionisíaco.

Viva! Viva! Viva Apolo! Olhe para mim, senhora Djanira! Abra bem os olhos, veja!

[Entra Licas, à frente de um grupo de jovens prisioneiras, inclusive Iole.]

Segundo Episódio

DJANIRA
[Acaba de se dar conta de que Herakles não está no grupo.]

Eu as estou vendo perfeitamente, jovens amigas. E também aquela multidão que se aproxima. Seja bem-vindo, Licas, arauto de Herakles. Finalmente conseguiu chegar até aqui. Se tem algo de bom a me dizer, pode falar.

LICAS
Estou contente por estar aqui, cara senhora. E agradeço sua boa acolhida, que deve ser retribuída com boas notícias. Ah! Como é prazeroso anunciar o sucesso de uma empreitada!

DJANIRA
Meu prezado Licas! Diga primeiro aquilo que mais anseio escutar. Herakles está vivo e de volta para mim?

LICAS
Bem, eu o deixei em boa saúde, forte e esplendoroso.

DJANIRA
E em que região foi isso? Por favor, me diga! Estava já em Trachis, ou longe ainda?

LICAS
Está na Eubeia, erguendo altares e fazendo sacrifícios em honra de Zeus, como parte das celebrações de um festival dedicado ao Senhor dos Deuses, no monte Ceneu.

DJANIRA

Mas faz isso para pagar uma promessa ou atender a um oráculo?

LICAS

Trata-se do pagamento de uma promessa que fez, antes de seu triunfo na guerra e de despojar os inimigos destas mulheres que a senhora vê aqui.

DJANIRA

E quem são elas? Diga-me, por favor! A quem pertencem?

LICAS

Ele as escolheu para si mesmo e para os deuses quando saqueou a cidade de Eurito.

DJANIRA

Mas foi esse saque que o reteve fora por tanto tempo?

LICAS

Não. A maior parte desse período ele passou na Lídia. E lá ficou como escravo. Não se espante com a palavra, minha senhora. Foram caprichos de Zeus. Acontece que Herakles teve de se vender como escravo para uma mulher daquela terra. Seu nome é Omphale, que comprou meu amo por três talentos de ouro. Ele a serviu por um ano inteiro — foi o que me contou. Mas a experiência foi tão humilhante para o meu senhor que ele jurou que um dia escravizaria o homem que fez tudo isso acontecer, assim como sua mulher e seus filhos. Herakles cumpriu sua palavra e, logo que se purificou pelo assassinato que cometera, organizou um exército de mercenários contra o homem que arquitetou essa infâmia, Eurito.

Ora, tudo aconteceu na própria casa de Eurito. Herakles o considerava, até então, como um amigo, já que foi ele quem ensinou meu amo a manejar o arco e a flecha. Só que Eurito o hospedou em sua casa e lhe lançou graves insultos, como se tivesse perdido o juízo.

"Você pode ter esse seu arco e essas flechas fabricadas por Hefesto, especialmente para seu braço. E bem sei que jamais erram o alvo. Mesmo assim, meus filhos podem vencê-lo num torneio."

Então, depois de um jantar em que meu amo havia bebido vinho demais, Eurito o atirou para fora da sua casa. Mais tarde, quando Ifito, o filho de Eurito, chegou ao penhasco de Tirinto procurando por cavalos perdidos, com olhos e mente distraídos, Herakles, magoado, o agarrou e o atirou do alto das muralhas da cidade. A morte de Ifito revoltou Zeus, que a considerou um assassinato à traição, e não uma luta justa. Foi a primeira vez que Herakles matou alguém atacando-o pelas costas. Se o tivesse abordado de frente, Zeus o teria perdoado, mas, por não ter dado chance de defesa a Ifito, Zeus ordenou a seu filho que se vendesse como escravo.

Agora, aqueles que ofenderam Herakles estão todos no Hades, e a cidade deles foi reduzida à escravidão, assim como essas mulheres que trago à sua presença, as quais até hoje conheceram a prosperidade e, a partir de agora, viverão uma existência miserável.

Foi isso que o seu marido me mandou transmitir-lhe, senhora, e eu, fielmente, o reproduzi aqui. Quanto ao meu amo, tenha a certeza de que chegará em breve, logo que fizer os sacrifícios que deve a Zeus em agradecimento por sua vitória. Espero que tenha lhe trazido satisfação com essas notícias.

CORO

Ó senhora, tem tudo para se alegrar, tanto pelo que se passou quanto pelo que está para acontecer.

DJANIRA

Sim, vocês têm razão. Como eu poderia não estar plenamente alegre, sabendo do êxito de meu marido? Minha felicidade agora deve corresponder ao triunfo dele. Por outro lado, uma pessoa cautelosa sempre teme que a grande alegria seja sucedida pela desgraça. Vejam, por exemplo, essas pobres mulheres, sem lar, sem pai, sozinhas em terra estrangeira; já foram livres, nascidas em famílias importantes, e agora se tornaram escravas. Grande Zeus! Deus das conquistas, nunca me permita ver um filho meu reduzido a uma condição dessas. E, se assim o fizer, ó Zeus, suplico que me mate antes. Ver essas mulheres me enche de apreensão.

[Voltando-se para Iole:]

Pobre jovem desafortunada, diga-me, quem é você? Você não é casada, não é mãe, ou me engano? Tem aparência tão inocente e alheia a esses mistérios. Mas é evidente que tem berço nobre. Licas, quem é essa jovem estrangeira? Quem são sua mãe e seu pai? Lamentei por sua sorte no instante em que a vi. Tem um brilho de inteligência nos olhos que a diferencia das demais.

LICAS

[Hesitando.]

Como eu iria saber? Por que me pergunta, senhora? Deve ser filha de alguma nobre família da cidade conquistada.

DJANIRA

Mas será da realeza? Eurito tinha outros filhos?

LICAS

Não faço ideia, minha senhora. Não fiz perguntas ao meu amo.

DJANIRA

Mas deve ter escutado o nome dela dito pelas outras…

LICAS

Infelizmente, não, minha senhora.

DJANIRA

Coitada! Diga-me então você, jovem. Será triste não saber sequer o seu nome.

LICAS

Duvido que fale. Não disse nada até agora. Só fez chorar o tempo inteiro desde que deixou sua cidade, pobre garota. Está muito abalada. Merece toda a nossa solidariedade.

DJANIRA

Muito bem, então. Que ela entre na casa e se ponha o mais confortável possível. Não vou aumentar ainda mais sua dor, insistindo para que fale. Vamos entrar também para preparar nosso lar para receber Herakles. Tenho muitas providências a tomar.

[Licas e as cativas entram na casa, mas Djanira é detida, ainda fora, pelo mensageiro.]

MENSAGEIRO

Um instante, senhora. Tenho algo a lhe dizer, mas não quero que os outros ouçam. Sabe quem está deixando que entre em sua casa? A senhora desconhece muita coisa, mas eu posso lhe contar tudo.

DJANIRA

Do que está falando, meu bom velho?

MENSAGEIRO

Espere um instante e escute. O que vim lhe dizer valeu a pena ser escutado, e isso agora, creio, vale mais ainda.

DJANIRA

Devemos, então, chamar os outros de volta, ou quer falar somente a mim e a essas jovens?

MENSAGEIRO

Posso falar sem receios com a senhora e com elas, mas, por favor, não chame mais ninguém.

DJANIRA

Bem, todos já entraram. Pode começar.

MENSAGEIRO

Nada do que o arauto disse há pouco é verdade.

DJANIRA

Como? E em que ele mentiu para mim?

MENSAGEIRO

Escutei as notícias que Licas deu ao grupo que se reuniu em torno dele nas pradarias. Ele disse que foi por causa dessa jovem que Herakles destronou Eurito e destruiu as altas muralhas da Ecália. Foi Eros, e mais ninguém, que o levou a brandir sua clava de guerra, e foi por isso também que aconteceu a morte de Ifito, o cativeiro do seu marido entre os lídios e todo o caso com Omphale. À senhora, Licas não quis dizer nada disso, e contou uma história bem diferente.

A verdade é que, tendo fracassado em persuadir o pai daquela jovem a cedê-la como amante dele, Herakles desafiou-o sob uma falsa alegação qualquer, e declarou guerra contra a cidade. O pai dela era o rei Eurito. Herakles o matou e saqueou a cidade, trazendo Iole — é este seu nome — como parte do butim. Agora, como a senhora pode ver, enviou-a para sua própria casa antes de chegar aqui. Tudo premeditado, senhora. Ela não veio para cá para ser uma escrava, mas para atender aos desejos do seu marido.

Tive de contar isso à senhora porque foram essas exatas palavras que escutei dos lábios de Licas. E todos em Trachis já sabem da novidade a esta hora. Caso queira se certificar, vá ao mercado da cidade. Todos por lá estão comentando. Sinto muito se são notícias que a ferem tão profundamente.

DJANIRA

Que desgraça! O que devo fazer agora? O que acontecerá comigo? E eu mandei entrar na minha casa aquela que será a minha ruína. Uma jovem, apesar de encantadora, incapaz de dizer o nome, foi o que Licas disse. E mais nada da sua história me contou, alegando que não fez perguntas e que não poderia saber de mais nada.

CORO

Malditos sejam não somente os que praticam atos como esse, mas também os que os tramam.

DJANIRA

Minhas jovens trachianas, o que devo fazer? Fiquei absolutamente atordoada com o que escutei.

CORO

Vá atrás de Licas e o force a dizer a verdade.

DJANIRA

Bom conselho! É o que devo fazer.

MENSAGEIRO

E o restante de nós? Devemos esperar aqui?

DJANIRA

Sim, vejam. Nem precisei chamar Licas. Ei-lo que sai.

LICAS

Senhora, o que devo dizer a Herakles? Por favor, me fale, pois, como a senhora vê, já estou de partida para encontrá-lo.

DJANIRA

Mas por que tanta pressa? No fim das contas, tanto tempo levou para chegar até aqui. Nem tivemos oportunidade de conversar.

LICAS

Ora, aqui estou, ao seu dispor.

DJANIRA

Sim? E vai me contar a verdade agora?

LICAS

Poderoso Zeus! Mas é claro. O que fiz eu até agora?

DJANIRA

Então quem é essa jovem que trouxe para minha casa?

LICAS

Ela vem da Eubeia. Mas não sei quem são seus pais.

MENSAGEIRO

Atenção, Licas! Sabe com quem está falando?

LICAS

Mas que pergunta é essa?

MENSAGEIRO

Se você tem juízo, responda.

LICAS

Estou falando com a rainha Djanira, se é que posso confiar em meus olhos, a filha de Eneu, esposa de Herakles, minha senhora.

MENSAGEIRO

Exatamente. Então admite que ela é a sua senhora.

LICAS

Sem dúvida!

MENSAGEIRO

E qual você acredita que seria a punição adequada por lhe contar mentiras?

LICAS

Do que está falando? Que charada é essa?

MENSAGEIRO

Não é nenhuma charada. Você tenta inutilmente nos enganar.

LICAS

Adeus! Que idiota fui dando ouvidos a você.

MENSAGEIRO

Não vai a lugar nenhum até responder a uma pergunta muito simples.

LICAS

Diga logo o que quer saber. Não tenho tempo para escutar asneiras.

MENSAGEIRO

A jovem cativa que você conduziu para dentro desta casa… O que sabe sobre ela?

LICAS

Nada. Essa é a sua pergunta?

MENSAGEIRO

Lá na pradaria, você não disse que o nome dela é Iole, filha de Eurito?

LICAS

De onde tirou isso? Está inventando coisas! Não poderia ter escutado isso de mim.

MENSAGEIRO

Mas escutei. Assim como inúmeros trachianos. Lá mesmo, no mercado, você repetiu essa informação.

LICAS

[Intimidado.]

Sim… mas… Eu disse que era algo que *havia escutado dizer*. Não significa que seja isso mesmo.

MENSAGEIRO

Ah, não? Você não deu sua palavra de honra de que estava trazendo uma amante de Herakles para instalá-la na casa dele?

LICAS

[Voltando-se para Djanira.]

Uma amante! Por Zeus, senhora! Quem é esse velho?

MENSAGEIRO

Alguém que escutou dos seus próprios lábios que foi o desejo de Herakles por essa jovem, e nada a ver com a mulher lídia, a rainha Omphale, que levou o filho de Alcmena a saquear a cidade.

LICAS

Minha senhora, mande esse velho embora daqui. Deixar que um maluco fale à vontade não é sensato.

DJANIRA

No entanto, Licas, eu preciso insistir com você que, por seu amor a Zeus, não encubra mais a verdade. Está falando aqui com uma mulher que nem é perversa nem ignorante, que tem experiência sobre a maneira como os homens agem e conhece a inconstância do coração das pessoas. Qualquer um que enfrente Eros comete um equívoco. O deus do amor sempre prevalece até mesmo com os outros deuses. Se ele me governa, por que não faria o mesmo com outra mulher? Condenar meu marido por ser derrotado pelas malícias do Amor seria idiotice, não menor do que condenar a ela, que não me fez nenhuma ofensa nem praticou mal nenhum contra mim.

Não farei isso, é claro! Mas, se suas ordens foram de mentir para mim, então você é cúmplice de uma indignidade, e, se persistir nisso, não poderá mais reivindicar ser um homem honesto. Sim, estou começando a achá-lo uma pessoa vil, Licas. Portanto, diga agora mesmo a verdade. Nenhum homem livre quer carregar a pecha de mentiroso. Além do mais, cedo ou tarde será desmascarado, já que contou isso a muitas pessoas e logo elas virão me dizer o que ouviram de você. Não precisa ter medo, porque é desconhecer a verdade o que me perturba. O que será tão ameaçador que eu não possa saber? No fim das contas, sabemos todos que Herakles dormiu com inúmeras mulheres e nenhuma delas foi maltratada por mim. Nada acontecerá também com mais essa, mesmo que meu marido esteja loucamente apaixonado por ela.

Quando a vi, senti somente compaixão. A beleza dela desgraçou sua vida, mas nada por culpa dela, pobre menina. Não teve culpa nenhuma se ocasionou a ruína de sua cidade, de sua família e sua própria escravidão. Tudo isso são desventuras que o vento carrega.

Ora, então… Para os outros, você pode mentir à vontade, mas, comigo, deve dizer sempre a verdade.

CORO

Licas, já escutou bem o que sua senhora disse. Atenda-a e não se arrependerá. Além disso, ganhará dela sua gratidão.

LICAS

Muito bem, então, minha senhora. Vendo sua generosidade em relação às falhas humanas, vou lhe contar a verdade sem ocultar mais coisa alguma. Sim, é como esse ancião disse. Certa feita, dominado por um desejo incontrolável em relação a essa jovem, Herakles esmagou a cidade onde ela vivia, Ecália. Para ser justo com meu amo, ele jamais me ordenou que negasse nada disso ou que eu deveria ocultar qualquer coisa. Foi tudo ideia minha, senhora. O erro foi meu, e, se o cometi, foi por receio de ferir seu coração. Mas agora a senhora conhece a verdade e, tanto para seu próprio bem quanto pelo do meu amo, mostre de fato compaixão por essa cativa, e que os sentimentos expressos ainda há pouco em relação a ela orientem a senhora no que vai fazer, porque meu amo travou uma guerra e colocou uma cidade inteira de joelhos somente para tê-la.

DJANIRA

É exatamente assim que pretendo agir. Não posso enfrentar uma disputa com os deuses — não é assim que eu sou. Vamos entrar na casa para que você possa escutar as mensagens que deve levar juntamente com os presentes que mando, em troca daqueles que recebi. Não seria certo retornar ao seu amo com as mãos vazias.

[Saem.]

CORO

[Estrofe]

É irresistível o poder de Afrodite. Ela sempre triunfa. Não devo, entretanto, mencionar como ela enganou o filho de Cronos.[69] Nem o sombrio Hades.[70] Nem Poseidon, o sacudidor das terras.[71] Mas, quando se trata de uma esposa como Djanira, que teve poderosos pretendentes disputando sua mão... E como a luta foi violenta, espalhando poeira por toda parte.

---

69 Pai de Zeus, a quem este venceu para assumir a posição de Rei dos Deuses e do Universo.

70 O irmão do meio de Zeus, que ficou com o reino dos oceanos e todas as criaturas marinhas. O título de "sacudidor das terras" se deve aos terremotos e tsunamis que ele gera quando pretende castigar os mortais. Além desses três (Hades, Poseidon e Zeus), Cronos e Reia tiveram três filhas: Hera, Héstia e Deméter. Conhecendo uma profecia segundo a qual seria destronado por um de seus filhos, Cronos os engolia logo ao nascer. Mas, quando deu à luz Zeus, Reia enganou o marido, embrulhando uma pedra com a manta do bebê. Assim, Zeus sobreviveu, e, no episódio mitológico conhecido como Guerra dos Titãs, ele e os irmãos, além de outros aliados, como Prometeu — também um Titã —, derrotaram os Titãs e assumiram o controle do Universo. Ficaram conhecidos como a terceira geração (a primeira foi Urano e Gaia), ou *os deuses olímpicos* — já que sua morada era o monte Olimpo.

71 Irmão mais velho de Zeus, senhor do submundo, o reino dos mortos, também chamado Hades.

[Antístrofe]

Um dos pretendentes em contenda, um rio de terríveis correntezas, tomou a forma de um touro de fortes patas e grandes chifres. Era
Aqueleu, de Euníade. O outro veio da dionisíaca Tebas, brandindo sua
grande clava, inteiramente armado com seu arco e flechas — era o filho
de Zeus, Herakles. Bateram-se em ferrenho combate pela noiva e pelo
lugar ao seu leito. E lá estava a amorosa Afrodite, oculta em névoa, como
única árbitra dessa luta.

[Epodo]

E que combate foi aquele! Socos e flechaços contra chifradas de touro.
E pernas espremendo cinturas, golpes mortais explodindo na cabeça de
ambos, e gemidos, e rugidos ressoando. Assistindo a tudo, serenamente,
do alto de uma escarpa a alguma distância, a bela jovem se perguntava qual
dos dois se tornaria seu marido. Uma noiva esperando ansiosa o prêmio
cobiçado a ser arrebatado de sua mãe, como se fosse uma novilha desam-
parada.

TERCEIRO EPISÓDIO

[Djanira sai da casa trazendo uma cesta.]

DJANIRA

Enquanto nosso visitante se despede das cativas, consegui escapulir até aqui para contar a vocês o que fiz. Mas também porque queria apoio moral para meus planos. Acolhi em minha casa a virgem — embora duvide que ainda o seja —, mas como um capitão que é obrigado a receber a bordo excesso de carga. Meu coração está destroçado. E aqui estamos, debaixo de um mesmo lençol, à espera dos abraços de Herakles, um homem de quem se louva a honestidade, a lealdade. E essa é a minha recompensa por manter intacto o lar de Herakles todos esses anos. Contudo, não consigo ter raiva dele. Afinal, é uma doença que já o acometeu diversas vezes.

No entanto, que mulher suporta dividir seu homem e seu casamento com outra? Além do mais, ela é tão jovem… Quanto a mim, a juventude já começa a me abandonar. Sinto que os olhos dos homens já não me procuram avidamente, como sempre acontece com a mulher já vivida. Assim, temo que Herakles, pretensamente meu marido, se torne de fato o homem de uma mulher mais nova.

Como já disse, todavia, de nada adianta para uma mulher sensata simplesmente irritar-se. Vou contar a vocês a providência que tomei.

Muito tempo atrás, quando ainda era bem jovem, recebi um presente de um centauro de peito peludo chamado Nesso, no momento em que ele exalava seu derradeiro suspiro, afogado no próprio sangue. E guardei esse presente numa urna de bronze.

Nesso costumava, por uma paga, transportar em seus braços pessoas na travessia do rio Eveno, que era bastante profundo e de fortes correntezas. Estava, portanto, me carregando sobre seus ombros, logo no começo do meu casamento com Herakles. No meio da travessia, ele começou a me apalpar do modo mais vicioso, e eu berrei. Herakles, filho de Zeus, disparou uma flecha emplumada, que transpassou os pulmões do centauro.

Então, nos seus estertores, Nesso me disse: "Filha do ancião Eneu, você será a última passageira que carrego. Vou, então, revelar-lhe um segredo que poderá ser bastante valioso um dia. Recolhe o sangue coagulado da minha ferida, bem onde a flecha embebida no sangue da Hidra do lago de Lerna penetrou. Com ele, você terá o ingrediente para uma poção que tornará o coração de Herakles seu escravo. Uma vez em contato com a pele do seu marido, essa poção o impedirá de apaixonar-se por qualquer outra mulher."

Bem, minhas caras, lembrei-me agora dessa poção e do que o centauro me disse. Durante todo esse tempo, a urna esteve fechada num lugar secreto, mas acabo de esfregar nela o manto que vou enviar a meu marido, exatamente como Nesso me instruiu. Nunca tive interesse em ardis e sortilégios dos que se atribuem a mulheres. Mas está feito agora. Não tenho nenhum escrúpulo de usar encantamentos para vencer essa garota e reconquistar meu marido. Ou será que vocês acham que ajo tolamente e que deveria abrir mão de tudo?

CORO

Se você crê que há uma chance de isso funcionar, não consideramos que esteja agindo como tola — de modo algum!

DJANIRA

Acredito que dará certo, mas jamais experimentei a poção.

CORO

Não há como saber sem tentar. Você tem de arriscar!

DJANIRA

Bem, logo saberemos. Aí vem Licas, e ele está partindo ao encontro de Herakles.

LICAS

Filha de Eneu, que instruções tem para mim? Já me demorei demais aqui.

DJANIRA

Já está tudo pronto para a sua partida, Licas. Quero que leve esse esplêndido manto de presente ao meu marido. Eu o fiz com minhas próprias mãos. Mas, quando entregá-lo a ele, certifique-se de que ninguém o vestirá antes de Herakles. Além disso, o manto não deve ser exposto aos raios do sol, nem no interior de templos, nem ao fogo das lareiras dos lares, até que ele o vista diante de todos e o exiba aos deuses quando fizer os devidos sacrifícios.

Tudo isso se deve a um juramento que eu fiz. Prometi que, se ele voltasse a salvo para casa, eu o envolveria com esse manto, para que ele se dirija aos deuses envergando um traje absolutamente novo.

[Djanira dá a Licas um anel com sinete.]

Leve este emblema. Logo que Herakles o vir, o reconhecerá. É meu anel do selo. Agora parta, mas lembre a primeira regra de um mensageiro: não se distraia enquanto estiver cumprindo sua missão. Desse modo, receberá tanto a gratidão dele quanto a minha, e isso significa agradecimentos e recompensas em dobro.

LICAS

[Pegando a cesta.]

Pode estar certa, minha senhora, de que vou cumprir essa missão tão bem quanto Hermes o faria. A senhora nunca terá conhecido melhor mensageiro do que eu. Vou carregar esta cesta e entregá-la intacta, assim como transmitirei ao meu amo suas palavras de afeto.

DJANIRA

Vá logo! Já sabes como estão as coisas em nossa casa.

LICAS

Sei e não me esquecerei de nada.

DJANIRA

E pode contar o que viu aqui, a maneira gentil como tratei a garota estrangeira.

LICAS

Fiquei emocionado com sua generosidade.

DJANIRA

E não há nada mais que deva dizer a ele? Não... É precipitado confessar as saudades que sinto, sem antes saber se sente saudades de mim.

[Djanira entra na casa e Licas pega a estrada.]

CORO

Você, que mora na enseada entre as fontes quentes no estreito das Termópilas,[72] e os que habitam as alturas do Eta ao longo da costa do golfo de Mális, aquelas que pertencem a Ártemis, a deusa virgem das flechas de ouro, e também onde os gregos se reúnem para assembleias chamadas Conselhos das Portas.

[Antístrofe]

Vocês em breve escutarão de novo as belas notas da flauta intocada pela dor, mas sim pela melodia das liras das Musas, porque Herakles, o filho de Zeus e Alcmena, se apressará a voltar para casa trazendo troféus de valor.

[Estrofe]

Sim, ele, que se foi daqui sem que soubéssemos para onde ia, nem o que pretendia fazer, e que por quinze meses inteiros nos deixou esperando por seu retorno. Ele, que deixou sua amorosa esposa, chorosa

---

72 Regiões centrais da Grécia. Conhecidas também como "Portas Quentes". Foi ali que trezentos espartanos — segundo conta a tradição —, comandados por Leônidas, resistiram ao colossal exército persa, por volta de 480 a.C., num dos mais famosos e lendários episódios da Segunda Guerra Médica. Na mitologia grega, foi nas águas quentes das Termópilas que Herakles tentou se curar do veneno da Hidra de Lerna, que impregnava o manto mandado por Djanira, e que ele não conseguia arrancar da pele.

e infeliz com o coração devastado. Mas, agora, o irascível deus da guerra finalmente a libertou de seu padecimento.

[Antístrofe II]

Que ele venha! E que os remadores dos barcos que o trazem não façam nenhuma parada até que ele entre de novo na cidade, deixando para trás a ilha em cujo altar faz, segundo disseram, sacrifícios. Que ele chegue, afinal, tomado de desejo, num frêmito de amor como um monstro em seu sangue tornado irresistível.

Quarto Episódio

[Djanira, aflita, sai da casa.]

DJANIRA

Jovens! Estou com um terrível pressentimento. Será que cometi um erro?

CORO

O que teme, Djanira, filha de Eneu?

DJANIRA

Não tenho certeza, mas sinto que causei uma tragédia, apesar de pretender fazer o bem.

CORO

Mas por quê? Por causa do presente que enviou para Herakles?

DJANIRA

Isso mesmo. E o pressentimento é tão forte que neste momento daria a qualquer um que resolvesse arriscar alguma ousadia a refrear-se.

CORO

Mas aconteceu alguma coisa errada, Djanira?

DJANIRA

Queridas jovens, vocês ficarão espantadas quando eu lhes contar... O chumaço de pelo branco de carneiro que usei para esfregar o manto do meu marido consumiu-se, virou pó sobre a pedra onde o deixei. Um instante, que já conto tudo o que aconteceu...

Fiz rigorosamente como o brutal centauro me instruiu a fazer, ainda com a flecha fincada no lado do seu corpo.

Observei cada detalhe. Tinha tudo gravado na memória como letras no bronze. E estas eram as suas instruções: eu deveria guardar o unguento num lugar secreto, longe do fogo e protegido do sol. Quando chegasse o momento de utilizá-lo, eu me fecharia num aposento reservado, a sós, e com um tufo de pelo de carneiro eu o passaria numa peça de roupa do meu marido. Depois, dobraria essa peça de roupa e a colocaria numa cesta. A seguir, a protegeria do sol e a entregaria a Herakles. Você viram tudo, foi isso que fiz. Mas, quando retornei para dentro da casa, o que vi ali foi estranho demais para poder descrever com palavras. Era algo além do entendimento humano. Eu havia atirado o tufo de pelos sobre uma pedra, que, sem eu perceber, recebia raios do sol e estava bastante quente. Imediatamente os pelos se pulverizaram e viraram algo parecido com serragem. E a pedra sobre a qual o deixei estava coberta de bolhas e de coágulos azul-esverdeados, como se fosse a fermentação das uvas que dá no vinho.

E agora, o que devo fazer? A quem recorrerei? Estou profundamente perturbada. Não consigo pensar. Mas estou convencida de que cometi um erro medonho. O centauro, nos estertores da morte, não quis com seus conselhos me fazer nenhum bem. Como poderia, se era eu a causa da sua morte? Tenho certeza de que ele me enganou. Tudo o que queria era destruir o homem que o alvejou. Agora é tarde demais para me dar conta disso. Não adianta me arrepender. Meu erro, se não estou equivocada agora, me fez a responsável pela morte do meu marido.

Estou devastada. Sei que até mesmo o centauro Quíron, apesar de imortal, foi mortalmente ferido pela flecha envenenada de Herakles. Suas flechas matam qualquer criatura, tão certo quanto perceber agora que o veneno negro que vazou do ferimento letal de Nesso irá acabar com a vida do meu marido... É no que acredito.

Bem, já me decidi que, se assim acontecer e eu for a causa da perdição de Herakles, morrerei no mesmo dia, junto com ele. Nenhuma mulher que preze seu nome e sua honra pode continuar vivendo com uma mácula como essa, conhecida de todos.

CORO

É verdade que devemos estar sempre preparadas para o pior, mas não devemos também desistir da esperança.

DJANIRA

Esperança? Não há esperança alguma quando alguém age feito uma idiota.

CORO

Há, sim, quando esse ato é praticado por ingenuidade, como foi o seu caso. Numa situação como essa, não cabe nem amargura nem remorso.

DJANIRA

É fácil dizer isso quando se está de fora. Mas quem causou a tragédia não pode se consolar desse modo.

CORO

Bem, não diga mais nada a respeito de seus temores, a não ser que pretenda revelá-los ao seu filho, que está chegando. Lembra que ele partiu ao encontro do pai?

[Chega Hilo, desesperado.]

HILO

Ah, minha mãe! Desejaria uma das três coisas seguintes: ou que você estivesse morta, ou que, se ainda estivesse viva, não fosse minha mãe, ou que tivesse conseguido se tornar uma pessoa totalmente diferente.

DJANIRA

Meu filho, meu menino! Por que está com tanto ódio de mim?

HILO

Porque você matou seu marido, meu pai!

DJANIRA

Meu filho! Não diga isso!

HILO

Se eu não o disser, isso não mudará o que aconteceu.

DJANIRA

Por que me faz uma acusação tão hedionda, meu filho amado?

HILO

Porque acabo de deixar meu pai e vi com meus próprios olhos a catástrofe que o abateu. Não estou falando, portanto, de ouvir alguém dizer.

DJANIRA

Então você o encontrou, afinal? Onde ele está? E como está?

HILO

Se quer mesmo saber, vou lhe contar tudo em detalhes. Existe na Eubeia uma ponta de terra varrida constantemente pelas ondas, o cabo Ceneu. Ali ele ergueu altares e dedicou um bosque a seu pai, Zeus. E foi onde o encontrei, já retornando, depois de saquear a cidade de Eurito.

Foi ótimo vê-lo de novo depois de tanto tempo. Ele preparava um sacrifício de doze touros perfeitos para os deuses quando Licas chegou, seu arauto. Vinha daqui de nossa casa e trazia um presente seu para ele — o manto fatídico. Meu pai o vestiu, seguindo suas orientações, então deu prosseguimento ao sacrifício. Havia escolhido a dedo as oferendas, retirando-as do seu butim, e tinha ainda cerca de cem outros animais, já preparados para irem ao altar.

Para começar a cerimônia, meu pobre pai começou a orar, serenamente, muito satisfeito com seu belo manto. Mas, quando as chamas envolveram as sagradas oferendas, vertendo sangue sobre o pinho resinoso que ardia, o suor começou a escorrer do seu corpo e o manto grudou-se, como se fosse fixado com cola de carpinteiro. Uma dor agônica atacou seus ossos e o sangue o envenena como se fosse com a peçonha de uma serpente.

Consumido de dor, ele berrou contra o desafortunado Licas, que não poderia de modo algum ser responsabilizado pelo seu crime, minha mãe. Ao ser inquirido sobre a razão de ter lhe preparado essa armadilha mortal, Licas respondeu que simplesmente trouxera um presente, dado por você, e seguira as instruções que recebera.

Após escutar isso, um espasmo convulsivo agulhou os pulmões do meu pai, e ele agarrou o pé de Licas, logo abaixo do tornozelo, arremessando-o contra uma rocha batida pelas ondas. A cabeça de Licas foi despedaçada e a massa cinzenta do seu cérebro espirrou para todos os lados, misturada a cabelos e sangue.

Todos ao nosso redor gritaram, apavorados, diante da loucura que dominava Herakles e da morte horrenda de Licas. Mas ninguém ousava se aproximar de meu pai. A dor o fazia ora tombar ao chão, ora lançar-se ao ar, gritando, uivando, até que os rochedos de Locri, que nos cercavam, e os altos picos de Eubea ecoassem seu suplício.

Depois de algum tempo, exaurido, finalmente ele parou de se debater, deixou-se cair ao chão berrando insultos contra você, sua maldita esposa, maldizendo o dia em que pediu a Eneu sua mão. Nesse momento, em meio à névoa que se formou em torno dele, meu pai ergueu a vista e me enxergou, chorando, entre as pessoas que assistiam à espantosa cena, e encarando-me disse: "Filho, aproxime-se. Não fuja da minha agonia. Mesmo que eu morra e você tenha de morrer comigo. Carregue-me e me tire daqui. Se possível, leve-me para algum lugar onde nenhuma alma possa me ver, ou pelo menos para longe desta terra, e o mais rápido que você puder. Não me deixe morrer aqui."

Logo depois de receber essas ordens, nós o pusemos num barco e, com imensa dificuldade, o trouxemos para esta costa. Durante toda a jornada, Herakles berrava de dor. Você mesma constatará o martírio que lhe causou, esteja ele vivo ou morto quando chegar até aqui.

Resumindo, foi isso que aconteceu, minha mãe. Foi esse o resultado da sua perfídia contra meu pai. Que a vingadora Justiça e as Fúrias a punam. Se é direito amaldiçoá-la, é o que faço agora, e deve ser justo fazê-lo porque você matou o mais grandioso homem da Terra. Alguém como ele não veremos jamais, já que nunca nascerá outro igual.

[Djanira foge.]

CORO
O que a faz ir embora sem dizer nada? Não vê que isso é uma admissão de culpa?

HILO
Deixe que ela vá. E que os ventos a afastem de vez da minha vista. Por que ainda me preocuparia em chamá-la de mãe, respeitosamente, se ela

não agiu como uma mãe? Que o tormento guie seus passos e que ela goze da mesma alegria que proporcionou ao meu pai.

[Sai Hilo.]

CORO

[Estrofe I]

Vejam, jovens, como a profecia se cumpriu depressa. O oráculo previu que, transcorridos os quinze meses depois da partida de Herakles, os trabalhos do filho de Zeus chegariam ao fim. Assim, já se podem dar por concluídas a vida e as proezas desse herói, porque como pode aquele que será sepultado pelas trevas ainda se submeter à servidão?

[Antístrofe I]

A perfídia do centauro desencadeou inimaginável dor, corroendo seu corpo, enquanto se infiltra o veneno oriundo da Hidra que Tanatos, a morte, pariu. Herakles, em meio a convulsões de agonia, já não pode enxergar o sol do amanhã. A serpente o domina agora, e ele sofre a tortura causada pelas presas letais do monstro, sucumbindo, por fim, pelo ardil funesto de Nesso.

[Antístrofe II]

Desgraçada Djanira. Ela não sabia de coisa alguma, a não ser da ameaça que pesava sobre seu lar: uma nova paixão de Herakles. Só o que fez foi se empenhar em salvar-se e aos seus. Seu mal foi confiar em conselhos funestos, mas disso agora se arrepende.

Como o orvalho transparente são as lágrimas que ela derrama agora, tão delicadas e diáfanas, enquanto as Moiras[73] implacáveis já decretaram um final trágico para esta história.

---

73 As Moiras eram três irmãs — Cloto, Láquesis e Átropos — que determinavam o destino tanto dos deuses quanto dos mortais. Fiavam sem parar a linha da vida de cada indivíduo e, quando a cortavam, estava decretada a sua morte.

[Antístrofe III]

A torrente de lágrimas irrompe, enquanto a peçonha percorre o seu corpo inteiro. Nenhum dos tantos e tantos inimigos que ele enfrentou causou um mal como esse no maravilhoso filho de Zeus.

Ah, a ponta envenenada dessa flecha disparada pela vingança e a desejada jovem, trazida de Ecália, foram meros detalhes, porque, durante todo esse tempo, Afrodite tramava em silêncio o desfecho que agora se revela.

Quinto Episódio
Diálogo do Coro

SERVA

[De dentro da casa:]

Oh! NÃO!

CORO

Se não estou enganada, escutei um grito de horror vindo de dentro da casa. O que mais pode ter acontecido? Não foi um soluço abafado, mas um berro de pura agonia. Será que este lar sofreu mais um golpe?[74]

[A serva surge desesperada.]

Olhem como está alterada a idosa serva de Djanira! E vem falar conosco! Seus olhos são puro sofrimento e espanto.

SERVA

Ah, minhas jovens, uma catástrofe aconteceu por causa do presente mortal enviado a Herakles!

CORO

Boa velha, o que houve agora?

---

74 As cenas de morte — assassinatos, suicídios — ou de extrema violência, no teatro grego, acontecem fora da vista do espectador, e geralmente são narradas, logo a seguir, por algum personagem. É o que acontece aqui.

SERVA

Djanira partiu para a jornada derradeira, aquela na qual não se movem os pés.

CORO

Não pode ser! Ela está morta?

SERVA

Isso mesmo!

CORO

Mas como ela morreu, boa serva? Ainda há pouco conversava conosco...

SERVA

Minha ama querida teve um fim terrível.

CORO

Diga-nos logo, por favor! O que aconteceu?

SERVA

Ela se atirou sobre uma espada de duplo gume.

CORO

Mas como? Que loucura foi essa para cometer um ato tão terrível? Como pode transpassar a si mesma com a cruel lâmina? É terrível, uma morte depois da outra! Serva, diga, você viu isso acontecer?

SERVA

Sim, vi, estava bem junto dela quando, com suas mãos, tirou a própria vida.

CORO

Não consigo acreditar.

SERVA

Mas é a verdade!

CORO

Iole, tão linda, que Herakles pretendia tornar sua próxima esposa, pariu, em vez de belos filhos para esta casa, uma Fúria[75] que causou a completa destruição dos que viviam aqui.

SERVA

Terrível verdade! E caso vocês se encontrassem ali, junto de Djanira, assistindo ao seu suicídio, estariam agora desesperadas de compaixão.

CORO

Como a mão de uma mulher pode executar um ato desse?

SERVA

Sim, foi medonho. Vou lhes contar em detalhes e já por isso vocês ficarão horrorizadas.

Djanira retornou para a casa sozinha. Viu no jardim interno seu filho preparando uma liteira para carregar seu pai. Então, ela se escondeu de modo a não poder ser encontrada. Tombou diante de um altar e começou a chorar. Bem alto bradou seu lamento, afirmando que os deuses a haviam abandonado.

A seguir, vagou pela casa freneticamente, derramando abundantes lágrimas ao tocar cada objeto que já usara. Pobre da minha senhora, que se despediu de todos os aposentos e, cada vez que se via diante de um de seus amados servos, chorava mais ainda, execrando a sua perda. Depois de tudo isso, correu de repente para o quarto de Herakles, a câmara nupcial do casal.

Por todo esse tempo eu me mantive oculta, e a vi atirando cobertores sobre a cama de Herakles. Feito isso, saltou para a cama, soluçando

---

75 As criaturas aladas que atacavam os mortais que haviam ofendido os deuses. Eram enormes aves com garras. Dificilmente deixavam alguma presa escapar com vida.

sempre, e disse: "Amado leito das minhas núpcias, adeus. Você jamais me receberá de novo."

Então, com a mão trêmula, desprendeu o broche que atava o seu peplo logo abaixo dos seios e descobriu todo o lado esquerdo do seu corpo.

Corri o mais depressa que pude para alertar seu filho sobre o que a mãe pretendia fazer, mas, quando voltei, Djanira já havia enfiado a espada no seu fígado, onde reside a vida.

Hilo, ao ver a cena, gritou desesperado, pobre garoto, pois entendeu que foi a sua ira que causara essa desgraça. Tarde demais, soube pelos servos que sua mãe tudo fez inocentemente. Desnorteado, ele não conseguia parar de chorar e de se lamentar, cobrindo a mãe de beijos. Deitou-se ao lado dela, gemendo e repetindo que a havia acusado em falso, e que, por causa disso, agora estava órfão de pai e de mãe.

É como estão as coisas dentro desta casa, neste momento. Então, saibam todos que aquele que conta com os dias futuros é um tolo, porque não é amanhã até o hoje estar terminado.

[A serva se retira.]

CORO

[Estrofe I]

Qual dos dois devemos chorar primeiro? Qual desgraça é a mais triste? Infeliz de mim, que não consigo decidir.

[Estrofe II]

Uma perda está bem à nossa vista no interior da casa. A outra, ainda aguardamos. O que vemos e o que haveremos de ver não faz diferença.

[Estrofe III]

Como eu queria que soprasse um poderoso vendaval que me arrastasse para bem longe deste lugar, de modo que eu fosse poupada de morrer de tanto terror. Seria preferível a ter de assistir ao poderoso filho de Zeus sofrendo uma dor tão tremenda, um espetáculo insuportável. Já antes, quando somente tinha relatos do que ele padecia, mergulhei no mais amargo sofrimento, como o rouxinol que tanto se lamenta. E agora, eis que já chegam aqueles que o trazem para diante dos meus olhos.

[Antístrofe I]

Lá vem um grupo de estrangeiros, e chegam de longe. E o carregam passo a passo, com o maior cuidado. Avançam com suavidade e em silêncio triste, opressivo. Mas não posso ver daqui se o homem que trazem está morto ou adormecido.

[Entra Hilo com o homem idoso e Herakles é trazido numa liteira.]

HILO

Meu pai, meu pai! Coitado de você! Sofro imensamente com o seu martírio. Como poderei suportá-lo? O que posso fazer por você?

ANCIÃO

Meu filho, fique quieto, não o agite. Qualquer coisa pode despertar nele mais um ataque de espasmos de dor. Herakles ainda vive, mas por pouco, muito pouco. Veja você mesmo e segure a língua.

HILO

Meu bom velho, acha mesmo que ele ainda vive?

ANCIÃO

Shhh! Não o desperte. Isso o entregaria outra vez ao mais tétrico sofrimento.

HILO

Mas meu espírito está despedaçado por toda essa desgraça. Não posso conter meu desespero!

HERAKLES

[Desperta.]

Ó Zeus! A que lugar me trouxeram? Quem está à minha volta assistindo ao meu martírio? A que condição miserável fui reduzido. Ah... a dor... outra vez... a dor!

ANCIÃO

[Para Hilo:]

Não disse para você fazer silêncio? Era melhor não ter privado esse pobre desgraçado do torpor que o protegia.

HILO

Eu sei, mas não pude suportar ver meu pai assim.

HERAKLES

Rochedos de Ceneu, onde construí meus altares, desejaria jamais ter lhes posto os olhos. Essa é minha recompensa pelos inúmeros sacrifícios que lhe ofereci, ó Zeus? Aqui estou destruído, acabado. E nada abrandará essa dor alucinante? Que médico poderá me dar algum alívio a esta demência virulenta? Ficaria assombrado se algum fosse capaz de tal feito. Somente Zeus poderia me curar. Ah... dor! Que pelo menos eu durma! Que pelo menos eu durma! Que esse suplício se aplaque com o sono.

Tirem as mãos de mim! Onde, por Zeus, onde estão me colocando? Estão me matando, matando! Provocaram mais um surto de espasmos lancinantes. A dor... De novo me sufoca, e vocês, gregos, onde estão vocês, homens insensíveis que não escutam meu apelo? E isso depois de quase ter me destruído por vocês. Depois de tê-los livrado de tormentos e monstros nos mares e nas florestas. E agora, sofrendo dor como esta, ninguém vem em meu auxílio com uma tocha ou uma espada misericordiosa?

A... dor! Ninguém aqui terá coragem de me cortar a cabeça para pôr fim à minha agonia?

Dor!

ANCIÃO

Filho de Herakles, estou no limite de minhas resistências. Não tenho mais forças para suportar o seu sofrimento e preciso que algum de vocês o ajude agora.

HILO

[Tentando massagear seu pai.]

Estou fazendo tudo o que posso. Mas não é possível aplacar a dor que ele sente. Somente Zeus poderia.

HERAKLES

Meu menino, meu filho. Onde está você? Ah... A dor, outra vez. Deuses, deuses, me ajudem, por piedade. A dor se espalha de novo. De novo! Uma dor que me aniquila e que ninguém poderia suportar. Palas Atena! Palas Atena,[76] minha protetora, a dor de novo me domina... Ah, meu filho, mostre piedade para com seu pai. Desembainhe sua espada. Ninguém o condenará por isso. Golpeie a minha nuca com sua lâmina.

Acabe com essa dor que sua mãe infame me causou. Essa dor alucinada. Que ela sofra o mesmo que eu, exatamente o mesmo. Bom Hades, venha, venha. Você, irmão mais velho de Zeus, traga-me o sono eterno. Venha! Mate este desgraçado com uma morte rápida.

CORO

Amigos, estremeço ao ouvir o terrível pedido de nosso amo. Como um homem como ele pode ser abatido desse modo?

HERAKLES

Até mesmo falar nos meus trabalhos seria atemorizante para qualquer um, de tão árduos foram, e tantos ferimentos me causaram. Mas nem mesmo Hera, a esposa de Zeus, nem o odioso Euristeu, que serviu para agenciar as provações por que passei, conseguiram me fazer sofrer tanto

---

76 Palas Atena, protetora dos heróis, ajudou Herakles em vários momentos, principalmente para livrá-lo das ciladas de Hera.

assim, uma agonia que mais parece impingida pelas Fúrias aladas, criaturas da vingança dos deuses. Mas foi essa a dor que me causou Djanira, filha de Eneu, a mais falsa das viventes.

É o meu fim. O veneno grudou-se ao meu corpo. Está comendo meus ossos. Penetrou nas minhas entranhas e devora meus pulmões. Já contaminou todo o meu sangue a essa altura. É uma devastação! Estou inteiramente escravizado por essa cruel tirania. E meus algozes não são os lanceiros das planícies, nem o exército de gigantes nascidos da terra, nem as bestas mais selvagens. Não são gregos, nem de terras longínquas, nem de nenhuma das regiões que libertei. Não, quem cometeu esse ato foi uma mulher, uma fêmea sozinha, e somente ela, sem precisar pronunciar sequer uma palavra.

Meu filho, me valha nesta hora. Não veneres a sua mãe mais do que a mim. Arraste-a para fora da casa com suas próprias mãos e coloque-a ao meu alcance. Então, verei se você fica mais aterrado com a tortura do meu corpo ou a do dela. E eu a exterminarei diante de você.

Vamos, filho meu, obedeça. Mostre alguma piedade por mim, que tanta compaixão mereço agora, neste momento em que me debato e uivo como se fosse uma menina, algo que jamais fiz antes, como todos sabem. Eu que, mesmo atormentado por dores tremendas, nunca me lamentei. Agora que você me vê chorar e gemer como uma mulher, venha, então, aproxime-se do seu pai, fique junto de mim para ver o que resta deste meu corpo. Deixe que eu afaste a cortina. Venha!

Veja! Aqui estou eu. Veja como fui destruído! Veja que desgraçado eu me tornei! Maldito, maldito, e... a... a dor outra vez. Uma pontada, outra! E agora me atravessando de um lado a outro! Ai! A tortura parece nunca ter fim!

Ó príncipe Hades, venha me levar! Raios de Zeus, fulminem-me. Sim, meu pai, meu senhor, me extermine agora, pois de novo a dor se banqueteia das minhas vísceras. Ela floresce dentro de mim, me retalha!

Vocês, minhas mãos, minhas pobres mãos. Vocês, costas musculosas, e meus ombros. Vocês, amados braços, são vocês os mesmos que sufocaram o Leão de Nemeia? Aquela fera que apavorava os pastores, uma besta selvagem de quem ninguém ousava se aproximar? Que ninguém poderia enfrentar?

E a Hidra de Lerna, e aquela legião de monstros, os centauros, de natureza dupla, com cascos de cavalos, poderosos, arrogantes e brutais. E o javali de Erimanto. E Cérbero, o cão de guarda do portal do Hades com suas três cabeças — a aberração invencível, cria da feroz Equidna, mulher da cintura para cima e serpente da cintura para baixo? E o dragão que guardava os pomos dourados no jardim das ninfas Hespérides?

Em nenhum dos meus trabalhos fui derrotado. Triunfei sempre, nestes e em muitas outras façanhas. Eu era forte, invencível. Mas vejam agora ao que fui reduzido. Meus membros flácidos, meu corpo dilacerado, e eu — destruído por uma dor cega. Eu, nascido da mais nobre das mães e celebrado nas estrelas como filho de Zeus.

Mas tenham certeza de uma coisa… Mesmo agora, acabado, um nada, incapaz de me mover, mesmo nesta condição deplorável, vou castigar aquela que foi responsável por isso. Que ela ouse aparecer diante de mim e receberá uma lição, para que todos saibam que vivendo ou morrendo, eu sempre castigarei os infames.

CORO

Infeliz Grécia! Que mágoa sem limites a tomará se perder esse homem.

HILO

Pai, já que eu tenho a sua permissão para responder, por favor, escute em silêncio e com atenção. Mesmo tão debilitado como você está, faço-lhe esse pedido. Por favor, conceda-o. E que me olhe sem raiva nem recriminação enquanto eu falar. Caso contrário, jamais saberá o erro que está cometendo, por força do ressentimento e da sua sede de vingança.

HERAKLES

Bem, mas seja breve. Estou combalido demais para ser capaz de compreender sutilezas que você pode estar engendrando.

HILO

Quero lhe contar algo sobre minha mãe, e como toda essa desgraça realmente aconteceu. Tudo o que ela fez foi sem intenção de lhe causar mal.

HERAKLES

Seu patife sem nome! Atreve-se a me olhar no rosto e falar em defesa da mulher que matou o seu pai?

HILO

Sim, eu me atrevo, porque nesse caso seria errado não falar.

HERAKLES

Impossível! O crime dela não tem perdão!

HILO

E se não houve crime algum?

HERAKLES

Então conte logo o que aconteceu. Mas cuidado com o que vai dizer, se não quiser se tornar cúmplice dela.

HILO

Em primeiro lugar, preciso lhe dizer que ela está morta. De fato, acaba de morrer!

HERAKLES

Bem-feito que assim seja. E quem praticou o benefício de matá-la?

HILO

Ela própria e ninguém mais.

HERAKLES

Lamento apenas que não tenha sido eu a terminar com sua vida.

HILO

Mas até mesmo você mudaria seu modo de pensar se soubesse a verdade.

HERAKLES

É estranho que você acredite nisso. O que, afinal, tem a me dizer?

HILO

Ela pretendia praticar o bem ao fazer o que fez.

HERAKLES

O bem, seu miserável? Ela matou o seu pai.

HILO

Minha mãe pensava que estava curando você da paixão que o fez trazer uma outra mulher para nossa casa.

HERAKLES

Curar-me de uma paixão? E que feiticeira em Trachis poderia realizar tal encantamento?

HILO

Foi o centauro Nesso, que tempos atrás lhe ensinou um feitiço do amor para reconquistar o seu coração, meu pai.

HERAKLES

Por Zeus! Então compreendo tudo! É o fim. Estou perdido, perdido. Nunca mais verei a luz do dia. Sim, sim, que calamidade. Agora entendo o que aconteceu. Vá, meu filho, você já não tem pai. Chame todos os nossos parentes. Chame Alcmena, amante em vão e infeliz de Zeus. Traga-os para que ouçam, antes que eu morra, as profecias que conheço.

HILO

Mas sua mãe não está aqui. Ela partiu para o estrangeiro e vive em Tirinto, junto ao mar. Levou com ela alguns dos seus netos, seus filhos, meu pai, e os cria. Outros ainda moram em Tebas, mas, se houver alguma coisa que você queira que seja feita, os demais que vivem aqui cuidarão disso.

HERAKLES

Há, sim, uma coisa. Escute, pois vai provar se você é um homem, e um digno filho meu. Faz muito tempo, meu pai profetizou que eu não haveria de morrer pela mão de nenhum vivente, mas pela mão de um habitante do Hades — alguém que estivesse morto, portanto.

Bem, como a profecia do Senhor do Olimpo previu, o selvagem centauro matou-me, já estando ele morto. E outras profecias confirmam o oráculo do meu pai — profecias muito antigas. Que eu anotei quando estava no bosque dos Salos,[77] que moram nas montanhas e dormem sobre o solo nu. Tudo foi ditado pelo carvalho ancestral, que fala muitas línguas. Ele disse que, brevemente, eu seria dispensado de realizar mais trabalhos, desses que tanto me exauriram.

Pensei que isso significasse que, enfim, eu poderia desfrutar a felicidade, mas na verdade anunciavam a minha morte, já que os mortos não realizam proezas. Agora que está tudo esclarecido, a profecia se cumpriu. Você precisa ficar junto de mim, meu filho. Não me faça de novo perder a calma e gritar com você. De todas as leis existentes, a mais sagrada é a que dita a obediência aos pais.

HILO

Pai, temo que saiba sobre o que você está falando. Mas vou atender as suas ordens.

HERAKLES

Em primeiro lugar, ponha sua mão direita sobre a minha.

HILO

Um juramento? Mas por que me obriga a isso?

HERAKLES

Dê-me logo a sua mão, ou vai me desobedecer?

---

77 Sacerdotes do antigo oráculo de Dodona, que interpretavam profecias do carvalho falante.

HILO

Aqui está a minha mão.

HERAKLES

Agora, jure pela cabeça de Zeus, meu pai.

HILO

Mas jurar fazer o quê? Tem de me contar antes.

HERAKLES

Precisa jurar realizar o ato que vou lhe pedir.

HILO

Eu juro! E que Zeus seja minha testemunha.

HERAKLES

Agora, diga também que será castigado com grandes tormentos se quebrar seu juramento.

HILO

Não haverá punição porque eu o cumprirei, mas que isso se torne parte do juramento, se assim você quer.

HERAKLES

Muito bem, então. Conhece o monte Eta, consagrado a Zeus?

HILO

Conheço. No pico desse monte, muitas vezes realizei sacrifícios.

HERAKLES

Você deve me transportar para lá com suas próprias mãos, e com a ajuda de amigos que escolherá. Chegando, vai cortar vários troncos de carvalho, a árvore mais forte e com raízes mais profundas do bosque, e outro tanto de troncos de oliveira agreste. Atire meu corpo sobre essa pilha, na qual, a seguir, você ateará fogo com uma tocha feita de pinho. Não quero lágrimas, nem lamentações.

Se você é realmente meu filho, nada de choro nem de gemidos. Se não cumprir isso, mesmo do submundo dos mortos, eu o perseguirei e o amaldiçoarei para sempre.

HILO
Pai, o que você me pede é terrível! Não vou aguentar, é impossível!

HERAKLES
Mas tem de ser feito, e exatamente como estou lhe dizendo. Caso contrário, pode procurar outro pai e você não será mais meu filho.

HILO
Meu pai, que angústia estou sentindo. Você me pede para matá-lo e para carregar isso na minha consciência.

HERAKLES
Pelo contrário! Peço a você que seja meu salvador, capaz de me dar o único remédio existente para o meu sofrimento.

HILO
Como? Vou curar o seu corpo jogando-o na fogueira?

HERAKLES
Muito bem, então. Se não tem coragem para isso, pelo menos faça o restante.

HILO
Não me recuso a carregar você.

HERAKLES
E quanto à montagem da pira?

HILO

Isso também poderei fazer, mas não vou pôr fogo na madeira. Para o resto, pode confiar em mim.

HERAKLES

Muito bom! Mas ainda há um favor que devo lhe pedir. Um favor muito pequeno em comparação aos que já me prometeu.

HILO

Mesmo que fosse grande, eu o faria.

HERAKLES

Creio que você conhece a filha de Eurito.

HILO

Iole?

HERAKLES

Ela mesma. Eis o que desejo que faça, meu filho. Não falte ao seu pai nem ao seu juramento depois que eu morrer. Quero que você se case com ela. Não me desaponte, deixando de fazer o que lhe peço. Nenhum outro homem deve possuí-la. Ela já se deitou comigo e somente deve pertencer a você. Aceite isso, porque deixar de me atender num assunto menor, quando já concordou com os maiores, anula sua boa ação.

HILO

Poderoso Zeus. É errado irritar-se com um homem à beira da morte, mas como posso concordar com uma ideia tão monstruosa?

HERAKLES

Como? Vai ignorar o meu pedido?

HILO

Ela é a causa da morte da minha mãe e também de todo o seu sofrimento. Quem poderia me pedir tal coisa, a não ser que as Fúrias o estivessem levando à insanidade? Pai, seria preferível morrer também a me tornar esposo da minha pior inimiga.

HERAKLES

Quer dizer que você pretende ignorar o pedido do seu pai moribundo? Um pedido que deveria ser honrado e obedecido sem hesitação? Muito bem, então a maldição dos deuses o acompanhará pelo resto da vida.

HILO

Acredito somente que você está demonstrando o quanto o veneno penetrou em sua mente.

HERAKLES

Não, as dores haviam diminuído, mas agora você renova meu sofrimento.

HILO

Mas que medonha decisão você me impõe!

HERAKLES

Medonha apenas porque você se recusa a obedecer ao seu pai.

HILO

Mas, pai, você é que está me ensinando a ser desobediente. Como posso me casar com a mulher que você já possuiu?

HERAKLES

Não seria infidelidade se eu é que estou pedindo. E alegraria meu coração.

HILO

Está realmente falando sério?

HERAKLES

Estou. E peço aos deuses que venham avalizar o que digo.

HILO

Então, farei o que me pede. Mas que saibam os deuses que atendo ao seu desejo, e não estou assim sendo infiel a você.

HERAKLES

Claro que não. E por fim, uma última gentileza. Coloque-me na pira, antes que outro espasmo me perfure, rasgando-me por dentro. Mas aja ligeiro, carregue-me para o Eta. Esse será o único alívio possível para as dores que me atormentam. É o fim de Herakles.

HILO

Sim, será feito imediatamente. Obedeceremos às suas ordens, já que a isso somos obrigados.

HERAKLES

Rápido, então, antes que venha outro surto de dor. E você, meu espírito recalcitrante, põe-me na língua um cravo duro como pedra. Que nenhum gemido escape da minha garganta.

[Herakles é erguido na liteira.]

HILO

Meus amigos, ergam-no com cuidado, e tenham compaixão de mim por tudo a que assistiram. Lembrem-se da insensibilidade dos deuses, que permitem que desgraças como essa aconteçam. Eles são nossa origem e gostam de ser chamados de nossos pais. Então, como podem testemunhar tanto sofrimento sem nenhuma reação? Ninguém sabe o que o futuro reserva, mas o presente só nos trouxe desencanto e dor. Que a tristeza que nos sufoca seja vergonha para eles.

CORIFEIA

Vocês também, queridas jovens, venham. Não há por que permanecer diante desta casa. Testemunhamos acontecimentos terríveis, calamidades inimagináveis, se por trás de tudo não estivesse o próprio Zeus.

POSFÁCIO

> A imagem de Herakles, seu poder,
> eu vislumbrei depois, acolhido ele mesmo
> nos festins olímpicos, com Hebe,
> a de belos tornozelos, filha de Hera.
>
> *Odisseia*, Homero, Canto XI-600-604.[78]

Herakles é um herói por seus atos de bravura, por sua coragem, por sua ânsia por aventuras e proezas a realizar — ou alguém imaginaria o filho de Zeus e Alcmena sem um Euristeu a espezinhá-lo, gozando da tranquilidade do lar e da rotina da família? É também um herói no sentido dramático, pelas oscilações que enfrenta entre a glória e a tragédia, e pelas situações drásticas que vivencia, culminando com uma morte absurdamente dolorosa, embora ironicamente cunhada, de um lado, pelo amor e pela paixão, constantes forças a compelir seu destino, e por seus próprios atos — no caso, não só o envolvimento por Iole, cuja posse lhe custou mover uma guerra contra o pai da jovem, até então seu amigo, mas ainda a decisão de enviá-la para a sua casa, um desrespeito à sua esposa, Djanira.

Conhecendo-a intimamente, uma mulher de espírito viril, que inclusive empunhara armas para lutar ao lado de Herakles, ajudando-o a derrotar os dríopes[79] — afinal, era seu esposo —, não deveria supor que ela aceitasse passivamente a situação que ele lhe impunha. Era óbvio, sendo Djanira quem era, que ela tentasse alguma coisa para reter e reconquistar seu marido, bem como preservar seu lar. E já aqui temos sugestões

---

[78] Tradução de Trajano Vieira, Rio de Janeiro: Editora 34, 2011, p. 353.
[79] Povo muito antigo que habitava uma região entre o monte Eta e o Parnaso.

fortíssimas sobre a cultura e os costumes dessa Grécia tão reverenciada, tanto sobre a falta de intimidade entre marido e mulher quanto sobre o que se esperaria tradicionalmente de uma esposa numa situação como essa. Cabia a Djanira meramente resignar-se a ser rejeitada pelo marido.

Djanira suicida-se, uma reação rara na mitologia grega em se tratando de mulheres. Mas, com esse ato, vai se equiparar em firmeza de temperamento às protagonistas das duas outras peças, Alcmena, a mãe de Herakles, e Megara, a esposa tebana. A indignação e o protesto da primeira diante da acusação injusta de adultério, e a atitude firme da segunda quando se defronta com o ditador Lico, assim como a atuação aqui de Djanira, mostram que esse Herakles, pelo menos, vai pontuar sua vida com mulheres de caráter forte. A essas, poderíamos reunir ainda Hera, a deusa vingativa, e talvez também Palas Atena, a protetora do herói.

E aqui estamos falando de uma sociedade patriarcal que negava respeito e direitos às mulheres — basta lembrar que a maioria da plateia nos grandes teatros gregos era composta de homens, e que às mulheres era proibido disputar e assistir aos Jogos Olímpicos —, e de um herói que, por mais que o admiremos, não pode ser tomado, atualmente, como um modelo de virtude.

Mas aí entram as diferenças de contexto histórico e cultural. Na Grécia antiga, nem as atitudes de Herakles seriam recrimináveis, nem o herói trágico-mitológico, necessariamente, teria de ser moldado na fôrma da virtude, muito menos como entendemos tal preceito atualmente.[80]

Veja, por exemplo, o comportamento dos deuses entre si e, sobretudo, em relação aos mortais. Há um tanto de despotismo, de capricho, de excentricidade que não pode ser contestada, que são indicadores adicionais de que estamos aqui visualizando uma outra cultura, com valores diferentes. O que seria virtude para nós não o era para um homem da Grécia antiga.

O herói do romantismo deveria ser também virtuoso, ou seu heroísmo estaria maculado. O herói contemporâneo, especialmente na cultura de

---

80 Seguindo o mesmo padrão, Jasão, para se casar com Glauca, abandona Medeia, que reage matando os filhos dela com Jasão e a noiva do ex-marido — e Teseu, no caminho de volta a Atenas, abandona, na ilha de Naxos, a princesa cretense Ariadne, cuja ajuda fora fundamental para que ele pudesse matar o Minotauro e escapar do Labirinto.

massas, quando não é também um modelo de correção integral, anuncia, nas suas *falhas*, a semente de sua destruição. O herói mitológico é indissociável de suas extravagâncias, de sua soberba (*híbris*). E se sua trajetória é trágica, isso não é resultado de pôr culpas a purgar, porque seus atos, ou aqueles que consideramos *errados*, são *naturais* num homem do seu tempo e sociedade. A destruição dos heróis é uma decisão dos deuses, das Moiras, do Destino, sempre inefável, invencível, caprichoso e egoísta.

O destino final de Herakles tem diferentes versões. Homero o coloca no Hades, de passagem, onde Odisseu, em busca de uma profecia do adivinho Tirésias (Canto XI), para poder voltar para seu lar, em Ítaca, o avista de relance. No poema, já se anuncia que depois ele ascenderá ao Olimpo, onde assumirá um lugar ao lado de seu pai como deus por inteiro (não mais como semideus). Zeus, então, forçará Hera a aceitá-lo ali, a fazer as pazes com ele e a permitir o casamento dele com a filha do casal divino, Hebe. Em outra versão, assim que Herakles é colocado sobre a pira, no monte Eta, e esta é acesa, Zeus o arrebata diretamente para o Olimpo, interrompendo seu suplício. Posteriormente, Alcmena virá se juntar ao filho na morada dos deuses.

É assim que o maior de todos os heróis imaginários, e também o que carregava as mais severas e fatídicas fragilidades, o mais forte, o mais corajoso, e também o mais solitário — em sua dor, suas perdas e em sua morte —, encontra finalmente a paz e a felicidade, que desta vez Infortúnio nenhum perturbará.

DEUSES DAS MITOLOGIAS
GREGA E ROMANA

Nome Grego	Nome Romano	Filiação	Atributos Principais
AFRODITE	VÊNUS	Filha de Zeus e de Dione, que era filha de Urano e Tessala. Em outra versão, nasceu da espuma do mar, no lugar onde caíram os testículos de Urano, decepados por Cronos	Deusa do amor, da beleza e da sensualidade
APOLO	APOLO	Zeus e Leto (ninfa)	Deus do Sol, do conhecimento, da profecia e também do equilíbrio, da simetria e da beleza estética

ARES	MARTE	Zeus e Hera	Deus da guerra
ÁRTEMIS	DIANA	Zeus e Leto	Protetora da vida selvagem, dos bosques, dos animais, dos campos e florestas
CRONOS	SATURNO	Urano e Gaia	Titã, pai de Zeus
DEMÉTER	CERES	Cronos e Reia	Mãe Terra, deusa da terra fértil, da natureza e da agricultura
DIONISO	BACO, LÍBER OU LIBERATO	Zeus e Semele. Dioniso nasceu duas vezes, já que foi retirado com vida do ventre da mãe morta, inserido na coxa de Zeus, e daí nasceu novamente	Deus do teatro, da literatura e do vinho
EROS	CUPIDO	Conforme as diferentes versões, filho do Caos, o primeiro dos deuses, ou de Afrodite com Zeus, Hermes ou Ares	Deus do amor e da paixão
HADES	PLUTÃO	Cronos e Reia	Senhor do mundo dos mortos

HEFESTO OU HEFAÍSTOS	**VULCANO**	Zeus e Hera	Deus dos artesãos, dos construtores, da metalurgia, ferreiro e fabricante de artefatos para os deuses, como os raios de Zeus
HERA	**JUNO**	Cronos e Reia	Esposa de Zeus, protetora do matrimônio
HERMES	**MERCÚRIO**	Zeus e Maia (ninfa)	Deus do comércio, dos ladrões e mensageiro de Zeus
HÉSTIA	**VESTA**	Cronos e Reia	Deusa da família e do lar
PÃ	**LUPÉRCIO (LUPECUS, FAUNO OU SILVANO)**	Hermes e Dríope (filha de Driops, um dos primeiros habitantes da Hélade)	Deus dos bosques, dos pastores e rebanhos
PALAS ATENA	**MINERVA**	Nasceu da cabeça de Zeus, fendida para aliviar a dor que acometeu o Senhor dos Deuses certa vez	Deusa do conhecimento e dos heróis
PERSÉFONE OU KORÉ	**PROSERPINA OU CORÉ**	Zeus e Deméter	Esposa de Hades, senhora do submundo

POSEIDON	NETUNO	Cronos e Reia	Deus dos mares e de suas criaturas, senhor dos terremotos
ZEUS	JÚPITER	Cronos e Reia	Senhor dos deuses e do universo

As Nove Musas

Protetoras das artes e do conhecimento, responsáveis por levar aos mortais a inspiração e o engenho como dádivas dos deuses. Filhas de Zeus e Mnemósine (Memória, filha de Urano e Gaia).

Musa	Significado(s) do nome	Atributo
Calíope	Bela voz	Poesia épica
Clio ou Kleio	Proclamadora	História
Erato	Amante, apaixonada	Poesia lírica
Euterpe	A que proporciona prazeres	Música
Melpômene	A poetisa	Tragédia
Polímnia ou Polyhymnia	Muitos hinos	Retórica
Tália	A que faz brotar	Comédia
Terpsícore	Rodopiante	Dança
Urânia	Celestial	Astronomia

PARA DISCUSSÃO E APROFUNDAMENTO

➢ O que definiria um herói atualmente? Quais são as causas que ele defenderia? Quais os valores e ideais que encamparia? E quais as características que deveria possuir para personificar um herói? Ou será que essas referências são pessoais e variam de acordo com cada um? Quem seriam os heróis recentes e contemporâneos? Por que lhes dar essa denominação, ou por que lhes prestar tal reverência?

➢ O herói está relacionado, inevitavelmente, a episódios da História, oficial ou oculta, de um país ou povo? O que você acha de classificar de heroica as *performances* (êxitos, geralmente, contra condições adversas) esportivas?

➢ Talvez haja uma questão anterior que valha a pena discutir: ainda há espaço na nossa vida para heróis e heroísmo? Afinal, são tempos pragmáticos, em que alguns pretendem que estejam esterilizadas as utopias.

➢ Propomos uma discussão sobre a figura de Herakles e a projeção que ele lança como modelo de heroísmo/herói etc. Uma questão: sob a cultura do *politicamente correto*, Herakles seria considerado um herói? Alguns heróis da cultura de massa, com sua integridade tanto pessoal quanto pública (os melhores exemplos seriam, apesar de planos, os super-heróis dos desenhos animados e quadrinhos), fariam um bom contraste com um herói da mitologia grega.

➤ Os cometas, por exemplo, eram vistos como avisos de desgraças, de maus presságios. Até que o astrônomo e matemático Edmond Halley (Inglaterra, 1656-1742) previu que, em 1758, um cometa atravessaria o sistema solar e seria visível da Terra. A previsão se confirmou, mostrando que a órbita dos cometas, como a dos demais astros, seguia uma lógica baseada em relações descritas nas leis da física, e não os desígnios ou avisos dos deuses. O cometa recebeu o nome de Halley, e esse episódio foi o começo da afirmação da astronomia como uma ciência. Essa nova relação, na medida em que se torna uma referência corrente em nosso tempo e cultura, modifica de alguma maneira o prestígio que sempre cercou profetas e adivinhos, além de métodos de previsão do futuro, como a astrologia e o tarô? Qual seria a diferença dessa relação atual com a profecia e a incorporação do sobrenatural (da intervenção divina) ao cotidiano que as tragédias creditam aos gregos dos tempos mitológicos?

➤ O Destino, as Moiras, os caprichos dos deuses são crenças, sob outros nomes e formatos (ou rituais), presentes até hoje? Em que medida e de que maneira? O sobrenatural ainda tem um lugar na nossa vida, no nosso cotidiano? E no nosso imaginário? Os avanços da ciência, da tecnologia, as novas descobertas da astronomia e da engenharia genética, por exemplo, modificam essa relação entre o natural e o sobrenatural na mente das pessoas, no seu imaginário?

➤ É preciso ter em mente que as peças clássicas se referem a uma era mitológica. Mesmo para as plateias da Antiguidade, tratava-se de um período tanto anterior quanto *fora* da história. A população da Idade de Ouro de Atenas, no entanto, buscava tanto o entretenimento, o espetáculo, quanto pistas e sugestões para referências que ainda influenciavam, de maneiras diversas, seu cotidiano, sua visão de mundo. O que você acha dessa maneira de se relacionar com a arte? Há algo assim em curso hoje?

➤ Para outros enfoques da condição feminina que ecoam em diversas tragédias gregas, seria interessante conhecer peças como *Antígona* (Sófocles), a filha de Édipo e Jocasta; *Medeia* e *Hécuba* (Eurípides) e *Dido*,[81] de Christopher Marlowe (Inglaterra, 1564-1593). Somente a título de comparação, seria interessante conhecer ainda *Mãe Coragem*, de Bertold Brecht (Alemanha, 1898-1956), ou mesmo uma Scarlett O'Hara de *E o Vento Levou*, romance de Margaret Mitchell (1936) em que se baseou o filme, dirigido por Victor Fleming em 1939. Na literatura brasileira, vale a pena uma confrontação com personagens como *Ana Terra* (*O Tempo e o Vento*, de Erico Verissimo).

➤ Na Idade de Ouro ateniense (século V a.C.), o teatro consolidou-se com autores como Ésquilo, Sófocles e Eurípides. A escultura e a arquitetura lançaram inovações, sobretudo com Fídias, que se estabeleceram como preceitos estéticos imortais. A filosofia também floresceu com Sócrates, Platão e Aristóteles. A História iniciou-se como busca do conhecimento, com Heródoto. E Péricles, o chefe de Estado que promoveu todo esse redimensionamento das bases culturais, foi também o patrono do auge da democracia ateniense, modelo de civilidade e liberdade política. Foi um momento tão iluminado que só é comparável, na História ocidental, com o Renascimento europeu, dos séculos XVI e XVII, profundamente influenciado por tudo o que se criou e produziu justamente na Antiguidade Clássica. Que tal descobrir mais sobre esses dois períodos, compará-los e tirar algumas conclusões para os nossos dias, em que também vivemos cruciais mudanças culturais? Qual o legado da Antiguidade Clássica que você vê presente hoje?

➤ A mitologia grega está na moda entre os jovens. Não somente porque o filão vem sendo aproveitado por produções da cultura de massa, tanto em livros quanto no cinema, mas também porque há

---

81 Ver Volume I desta coleção.

um retorno de grupos de jovens, em diversos segmentos, para a leitura da melhor literatura. Haveria reflexões a serem feitas sobre as decorrências dessa nova (ainda algo restrita) tendência cultural?

Este livro foi composto na tipografia
Perpetua, em corpo 13/15 e impresso em
papel Luz Cream 70g /m², na Stamppa.